MARCO POLO
BURGUND

Reiseführer mit Insider-Tips

*Sechs Symbole sollen Ihnen
die Orientierung in diesem Führer erleichtern:*

für Marco Polo Tips – die besten in jeder Kategorie

für alle Objekte, bei denen Sie auch eine schöne Aussicht haben

für Plätze, wo Sie bestimmt viele Einheimische treffen

für Treffpunkte für junge Leute

(A1)
Koordinaten für die Übersichtskarte

*Die Marco Polo Route verbindet die schönsten Punkte
von Burgund zu einer Idealtour*

*Diesen Führer schrieb Axel Patitz.
Er lebt im Südwesten Frankreichs und verfaßte für die Marco Polo Reihe
die Bände Frankreich, Französische Atlantikküste, Bretagne,
Schottland und Schweden.
Die Marco Polo Reihe wird herausgegeben
von Ferdinand Ranft.*

MAIRS GEOGRAPHISCHER VERLAG

MARCO ⊕ POLO

Für Ihre nächste Reise gibt es folgende Titel dieser Reihe:

Ägypten • Algarve • Amrum / Föhr • Amsterdam • Andalusien • Antarktis • Argentinien / Buenos Aires • Athen • Australien • Bali / Java • Baltikum • Bangkok • Barcelona • Bayerischer Wald • Berlin • Bodensee • Brasilien / Rio • Bretagne • Brüssel • Budapest • Bulgarien • Burgenland • Burgund • Capri • China • Costa Brava • Côte d'Azur • Dänemark • Deutschland Ost • Dominikanische Republik • Dresden • Düsseldorf • Elba • Elsaß • England • Euro Disney • Feuerland / Patagonien • Finnland • Flandern • Florenz • Florida • Frankfurt • Frankreich • Frz. Atlantikküste • Fuerteventura • Galicien • Gardasee • Gran Canaria • Griechenland • Griech.Inseln / Ägäis • Hamburg • Harz • Hawaii • Heidelberg • Holland • Hongkong • Ibiza / Formentera • Indien • Ionische Inseln • Irland • Ischia • Island • Israel • Istanbul • Italien • Italien Nord • Italien Süd • Ital. Adria • Ital. Riviera • Japan • Jemen • Jerusalem • Kalifornien • Kanada • Karibik: Gr. Antillen • Karibik: Kl. Antillen • Kärnten • Kenia • Köln • Korsika • Kreta • Lanzarote • La Palma • Leipzig • Lissabon • Loire-Tal • London • Madeira • Madrid • Malediven • Mallorca • Malta • Marokko • Mauritius • Mecklenburger Seenplatte • Mexiko • Moskau • München • Nepal • Neuseeland • New York • Norwegen • Oberbayern • Oberital. Seen • Österreich • Ostfriesische Inseln • Ostseeküste: Schlesw.-Holst. • Ostseeküste: Mecklbg.-Vorp. • Paris • Peking • Polen • Portugal • Potsdam • Prag • Provence • Rhodos • Rom • Rügen • Rumänien • Rußland • Salzburg / Salzkammergut • San Francisco • Sardinien • Schottland • Schwarzwald • Schweden • Schweiz • Sizilien • Spanien • Spreewald / Lausitz • Sri Lanka • St. Petersburg • Südafrika • Südengland • Südsee • Südtirol • Sylt • Taiwan • Teneriffa • Tessin • Thailand • Thüringen • Tirol • Tokio • Toskana • Tschechische Rep. / Slowakische Rep. • Tunesien • Türkei • Türk. Mittelmeerküste • Ungarn • USA • USA: Neuengland • USA Ost • USA Südstaaten • USA West • Venedig • Weimar • Wien • Zypern • Die 30 tollsten Ziele in Europa •

Die Marco Polo Redaktion freut sich, wenn Sie ihr schreiben:
Marco Polo Redaktion, Mairs Geographischer Verlag
Postfach 31 51, D-73751 Ostfildern

Unsere Autoren haben nach bestem Wissen recherchiert. Trotzdem schleichen sich manchmal Fehler ein, für die der Verlag keine Haftung übernehmen kann.

Titelbild: Weinberge bei Berzé-la-Ville (Bildarchiv Huber/Giovanni)
Fotos: Lade/Trigalou (16); Mauritius/Leblond (10, 76);
Mauritius/Messerschmidt (4, 30); Mauritius/Nacivet (44, 55); Mauritius/Vidler (38, 41);
Santor (60); Schapowalow/Nacivet (Umschlagklappe vorn, 6, 53, 66);
Schuster/Explorer (20, 22, 24, 26, 28, 36, 96); Schuster/Hall (14); Schuster/Vondruska-Selig (48, 90);
Steffens (12, 19, 46, 50, 65, 68, 71); Transglobe/Sattler (85)

1. Auflage 1994 © Mairs Geographischer Verlag, Ostfildern/Hachette, Paris
Gestaltung: Thienhaus/Wippermann (Büro Hamburg)
Kartographie: Mairs Geographischer Verlag

Das Werk einschließlich aller seiner Teile ist urheberrechtlich geschützt. Jede urheberrechtswidrige Verwertung ist ohne Zustimmung des Verlages unzulässig und strafbar. Das gilt insbesondere für Vervielfältigungen, Übersetzungen, Nachahmungen, Mikroverfilmungen und die Einspeicherung und Verarbeitung in elektronischen Systemen.

Printed in Germany
Gedruckt auf 100% chlorfrei gebleichtem Papier

INHALT

Auftakt: Entdecken Sie Burgund! 5
*Romanische Kunst, Treidelkanäle, Weinbau und
Schlemmeradressen – eine Landschaft für Genießer*

Geschichtstabelle 8

Burgund-Stichworte: Von Baukunst bis Literatur 13
*Die burgundische Kulturlandschaft gibt lebendige Einblicke in
die Geschichte, ohne die heutigen Vorzüge zu vernachlässigen*

Essen & Trinken: Schlemmen in der Bourgogne 21
*Feinschmeckerlokale der allerbesten Güte –
ein Genuß ohne Reue*

Einkaufen & Souvenirs: Wein vom Winzer 25
*Kulinarische Andenken aus der Bourgogne
zur Urlaubsverlängerung daheim*

Burgund-Kalender: »Les Trois Glorieuses« 27
*Das wichtigste Fest wird im November gefeiert. Aber auch der
Sommer ist festesfroh*

Côte d'Or: Litanei der großen Namen 31
*Beaune im Zentrum der Weingärten und Dijon als Kunst- und
Handelsmetropole verlocken zum Verweilen*

Yonne: Krönung auf dem Berg 49
*Seit dem Mittelalter ist Vézelay mit seiner Basilika
Sainte-Madeleine ein großes Pilger- und Reiseziel*

Nièvre: Ein unverfälschtes Stück Burgund 61
*Im angemessenen Urlaubstempo auf einem Hausboot
durch das Nivernais*

Saône-et-Loire: Unversehrte Zeugen der Romanik 69
*Saint-Lazare in Autun, Sacre Cœur in Paray-le-Monial oder
Saint-Philibert in Tournus – der Süden Burgunds ist reich an
Schätzen romanischer Kunst und Architektur*

Praktische Hinweise: Von Auskunft bis Zoll 88
*Hier finden Sie kurzgefaßt die wichtigsten Adressen
und Informationen für Ihre Burgund-Reise*

Warnung: Bloß nicht! 93
Kleine Tips, die Sie vor bösen Überraschungen bewahren

Register 95

Was bekomme ich für mein Geld? 96

AUFTAKT

Entdecken Sie Burgund!

Romanische Kunst, Treidelkanäle, Weinbau und Schlemmeradressen – eine Landschaft für Genießer

An einem sonnigen Herbsttag, wenn das Licht von einem feinen Dunstschleier gefiltert über den goldrot gefärbten Weinhängen der Côte d'Or flirrt ... In der dämmrigen, modrig riechenden Kühle einer romanischen Dorfkirche im Brionnais vor dem beschwingten und strengen Rankenwerk steinerner Ornamente, menschlicher und tierischer Gestalten, Fabelwesen und Fratzen ... Zu Tisch in der guten Stube eines burgundischen Meisterkochs, den Duft von Charolais-Steak und von knoblauchgewürzten Weinbergschnecken in der Nase und den fruchtig-saftigen Geschmack des roten Burgunders auf der Zunge ... Mit einem Wort: Die Floskel »Wie Gott in Frankreich« wird vor allem und gerade in Burgund zum sinnlich geistigen Erlebnis.

Frömmigkeit und Lebenslust ziehen sich wie ein roter Faden durch die burgundische Geschichte. Unter den vier *Grands Ducs* aus dem Hause Valois erlebte Burgund zwischen 1364 und 1477 seine größte Machtentfaltung, wurde zu einer europäischen Großmacht. Durch die Heirat mit Margarete von Flandern kam Philipp der Kühne in den Besitz des reichen Landes im Norden, er erwarb die Grafschaft Charolais und die Freigrafschaft Burgund. Sein Nachfolger Philipp der Gute vergrößerte das Reich mit Namur, Brabant, Limburg, dem Mâconnais und großen Teilen von Holland, Belgien und Luxemburg. Unter dessen Herrschaft erreichten Kunst und Prachtentfaltung ihren Höhepunkt. Mit der Niederlage und dem Tod des letzten Herzogs Karl der Kühne in der Schlacht von Nancy geht Burgund als Großmacht jäh unter, aber selbst nach 500 Jahren ist der Glanz der Großen Herzöge nicht ganz verblaßt. Im Gegenteil: Das Hôtel-Dieu in Beaune kann zum Beispiel immer noch als schönstes Armenspital der Welt gelten, mit seinem farbigen Rautenmuster der glasierten Dachziegel, dem mittelalterlichen Krankensaal und dem unübertroffenen Meisterwerk des Rogier van der

Die Côte d'Or ist das Zentrum des burgundischen Weinbaus. An der »Route des Grands Crus« reifen Weine mit hervorragendem Ruf

Weyden, der Altartafel »Jüngstes Gericht«. Sie wurde von Nicolas Rolin, dem Bauherrn des Hôtel-Dieu und mächtigen Kanzler Philipps des Guten, in Auftrag gegeben und sollte den Kranken zur Läuterung der Seele und inneren Einkehr verhelfen. Gleichzeitig war er ein praktischer Mann, der Kanzler Nicolas Rolin. Das Spital konnte bis heute seine Funktion erfüllen, weil der Gründer zur Sicherung der Stiftung einige Weinberge kaufte, mit deren Ertrag der Betrieb finanziert wird. Immer noch findet jedes Jahr im November die Versteigerung des berühmten *Hospice de Beaune* statt.

Das Thema Wein beschränkt sich in Burgund eben nicht nur auf Tisch und Küche. Schon die Mönche haben sich seiner besonders intensiv angenommen. An der Côte d'Or zogen sie zu Beginn des 12. Jahrhunderts von der Abtei Cîteaux zum Clos de Vougeot, um Reben zu pflanzen. Aus dieser Keimzelle wurde das gleichnamige Schloß, ein wahrer Tempel des Weins in einem Meer von Reben. Es ist schon höchst beeindruckend, vor den mächtigen Weinpressen im Innenhof des Schlosses zu stehen und sich vorzustellen, wie an den Eichenbalken von Bäumen aus der Zeit Karls des Großen die

»Pinot noir« heißt die Rebsorte des berühmten roten Burgunders

AUFTAKT

Mönchlein schwitzten. Die Prozedur des Kelterns mußte vier- bis fünfmal wiederholt werden. Zu den Dimensionen der Bottiche, in die der Rebensaft floß, merkt François Rabelais, der Dichtermönch, an: »Gargantua legte die sechs Pilger und seinen Lattich in eine Schüssel, die so groß war wie der Bottich von Cistelaux.« Seit 1944 residieren bei ihren jährlichen *Chapitres* die Mitglieder der *Confrérie des Chevaliers du Tastevin*, die illustre Brüderschaft der Tastevin-Ritter, in Schloß Clos-Vougeot. Diese Festgelage, zu denen Staatsoberhäupter und Eminenzen geladen werden, gelten als die eigentlichen Höhepunkte im burgundischen Festkalender.

Noch früher als die Mönche soll Karl der Große auf den Geschmack des Burgunderweins gekommen sein. Der Legende nach besaß der Kaiser bei Beaune einen Weinberg, der heute noch den Namen *Corton-Charlemagne* trägt. Die Litanei der großen Namen will entlang der Côte d'Or zwischen Beaune und Dijon kein Ende nehmen: *Chambertin, Clos-Vougeot, Pommard, Volnay, Romanée, Nuits-St-Georges* und so fort folgen dicht aufeinander. Neben der Côte d'Or hat Burgund weitere bedeutende Weinbaugebiete. Südlich schließen sich das *Mâconnais* und das *Beaujolais* an, deren Weine nicht nur als *Primeurs* bemerkenswert sind. Im Norden liegt das Weinbaugebiet *Chablis;* auch das ein großer Name, jedoch für Weißweine.

Hauptstadt von Burgund ist wie zur Zeit der Großen Herzöge Dijon. Wir begegnen ihnen hier leibhaftig: als Grabfiguren im Musée des Beaux Arts, das wiederum in der Salle des Gardes ihres alten Palastes untergebracht ist. Versteinert und starr, und doch wie Schlafende, ruhen Philipp der Kühne und Johann Ohnefurcht in Alabaster modelliert von dem großen Claus Sluter und seinem Neffen Claus de Werve auf Sarkophagen von überwältigender Pracht. Hier triumphiert die Kunst über den Tod, wie so oft in Burgund. Genauso wie der Bildhauer vor mehr als 500 Jahren den Reigen der vierzig trauernden Mönche und Männer des herzoglichen Gefolges darstellte, muß es bei dem Begräbnis zugegangen sein. Burgund kann sicherlich als *die* Schatzkammer mittelalterlicher Kunst in Europa gelten. Das Einzigartige daran ist, daß man nie das Gefühl des Musealen hat. In Vézelay, Autun, Dijon, Saulieu, Auxerre, in Cluny, Tournus oder Paray-le-Monial – um nur einige berühmte Stationen zu nennen – zeigt sich, daß die Baumeister und Künstler der Romanik nicht nach einem großangelegten Bauprogramm vorgingen, sondern daß sich das Spiel der schöpferischen Kräfte elementar entfaltete. Man kann es zum Beispiel in der Basilika Sainte-Madeleine in Vézelay erleben, wie eindringlich und umfassend sich Geist und Wirklichkeit der Romanik im Bildwerk der Kapitelle und in den Figuren des Tympanon manifestieren. Neben der tiefen Religiosität hat auch das Allzumenschliche, Abgründige seinen Platz. Dem Wirken und Leben der Propheten und Heiligen ist das Groteske, Irrationale, das Traumhafte gegenübergestellt: Hämisch grinsende Teufel halten den Strick, an dem sich Judas Ischarioth selbst

Geschichtstabelle

18000–15000 v. Chr.
Funde von Steinwerkzeugen und Knochen am Felsen von Solutré bei Mâcon bezeugen frühe Besiedlung

Ab 1000 v. Chr.
Einwanderung von Völkern aus Süddeutschland und dem Gebiet der Schweiz

600 v. Chr.
Die Kelten unterhalten Handelsbeziehungen mit den Griechen. Grabfund »Schatz von Vix« (um 530 v. Chr.)

58 v. Chr.
Cäsar besiegt die keltischen Häduer bei Bibracte (Autun)

52 v. Chr.
Niederlage der vereinigten Gallier unter Vercingetorix bei Alésia (Mont Auxois)

1.–3. Jh.
Burgund wird romanisiert. Gründung der Hauptstadt Autun (Augustodunum)

5. Jh.
Die Burgunder, germanische Stämme aus dem Ostseeraum, besiedeln die Saône-Ebene

534
Das Königreich Burgundia kommt zu Frankenreich

843
Vertrag von Verdun: Teilung des Reichs Karls des Großen

909
Gründung der Benediktinerabtei Cluny

1364
Beginn der Blütezeit Burgunds unter den Grands Ducs d'Occident, der Großen Herzöge des Abendlandes. Gebietszuwachs, u. a. mit Flandern, Luxemburg, Brabant

1477
Der letzte Burgunderherzog, Karl der Kühne, fällt in der Schlacht von Nancy gegen Herzog René von Lothringen und Schweizer Truppen. Ende der Großmacht Burgund

1493
Die burgundischen Besitzungen werden im Frieden von Senlis zwischen Frankreich und dem Reich Karls V. aufgeteilt. An die französische Krone fallen Bourgogne (das heutige Burgund), Artois und Picardie

1631–1789
Die Prinzen von Condé regieren das Herzogtum Burgund als Gouverneure. In der Französischen Revolution werden zahlreiche burgundische Schlösser zerstört und Klöster sowie Kirchen beschädigt

1836
Le Creusot wird zu einem industriellen Zentrum

1878
Die Reblaus (Viteus vitifolii) verheert den Weinbau

1984
Schließung der Werke von Le Creusot

AUFTAKT

erhängt (Autun), man sieht Absalom, dem ein Engel mit dem Schwert das Haupt abschlägt, oder Balaam, den mysteriösen falschen Propheten auf seinem legendären Esel.

Dann Cluny: Hort des Glaubens, geistliches Zentrum des Abendlandes, von dem kaum mehr als Erinnerungen geblieben sind. Von hier ging im 12. Jahrhundert die Reformbewegung des Benediktinerordens aus, wurden in allen Teilen Europas an die 1500 Abteien und Priorate errichtet. Cluny selbst war das Mutterkloster, mit einer Kirche, die bis zum Bau des Petersdoms in Rom die größte Europas war. Von der gewaltigen Anlage sind nur spärliche Reste übriggeblieben. Ehe das »Licht der Welt« (Papst Urban) erlosch, glitt das spirituelle Zentrum des Mittelalters jedoch unaufhaltsam in die Niederungen kleinabsolutistischer Willkür ab, herrschten in der Spätzeit weltliche Feudalherren, nominell zwar noch immer Äbte, aber von ganz anderem Geist als ihre Vorgänger.

Die Französische Revolution machte tabula rasa, das Volk zerschlug die hochmütige Klosterresidenz. Geplündert wurde die einzigartige Bibliothek, kostbare Bände wärmten die Stuben der Dörfler ringsum. Schließlich erstand ein Baustoffhändler aus Mâcon das aller Schätze beraubte Gotteshaus, sprengte die gewaltige Anlage in mehreren Anläufen und verhökerte die Reste – halb Cluny-Ort wurde so aus dem demolierten »Wunderwerk« zusammengemauert. Was nicht zerschlagen, geraubt, verbrannt wurde, ist heute im Kornspeicher der Mönche zu sehen: aus den Trümmern geborgene Kapitelle lassen die einstige Pracht erahnen, die im übrigen nur als Museumsmodell des amerikanischen Archäologen Kenneth J. Conant im ehemaligen Abtpalast Gestalt annimmt.

Morgens eine romanische Kirche, mittags eine Schlemmeradresse, nachmittags ein Schloß – in dieser oder jeder beliebigen anderen Reihenfolge läßt sich Burgund erfahren. Von Fontenay, dem am besten erhaltenen Kloster von Burgund, ist es nur ein Katzensprung hinüber zum Château Bussy-Rabutin, einst Exil des Grafen Roger de Bussy-Rabutin, der sich mit seinen Enthüllungen vom erotischen Treiben am Hofe in der »Amourösen Geschichte Galliens« den Sonnenkönig höchstpersönlich zum Feind machte. Auf sein Schloß verbannt, sehnte sich der Graf nach seiner untreuen Geliebten Madame de Montglas und ließ die Räume seines Schlosses mit allegorischen Malereien, Bildern von Feldherren und Königen, den Schlössern um Paris und selbstverfaßten Sprüchen schmücken.

Das Château d'Ancy-le-Franc dagegen wetteifert in Umfang und Ausstattung mit den großen Schlössern der Ile de France. Diane de Poitiers, die einflußreiche Mätresse zweier Könige, war in dem Prachtbau der Renaissance oft zu Gast. Im nördlich bei Tonnerre gelegenen märchenhaften Schloß Tanlay, erbaut 1642, also späte Renaissance, trafen sich die burgundischen Hugenottenführer zu geheimen Besprechungen. Die Zahl der Schlösser in Burgund ist Legion wie die der romanischen Dorfkirchen, und sie

Cîteaux: mittelalterliche Keimzelle des Zisterzienserordens

stehen in einer Landschaft die nicht mit überraschenden »Naturschönheiten« auftrumpft, sondern die Schönheit der Bauwerke noch verstärkt. Das gilt auch für die burgundischen Kanäle, diese in hektischen Zeiten zu neuem Leben erwachten Wasserstraßen. Nach den mit Kohle und Glas aus dem Charolais, Seide aus der Provence, Weinen aus dem Maconnais und Käse aus der Auvergne beladenen Lastkähnen gleiten heute Hausboote und Kabinenkreuzer im Schrittempo dahin. Intimer läßt sich Burgund kaum erleben, besonders wenn man Fahrräder an Bord hat. Auf dem Treidelpfad, den früher das Pferd mit dem Kahn im Schlepp entlangtrottete, fährt man zum Einkauf ins nächste Dorf oder macht Ausflüge in die Umgebung. Malerische Städtchen liegen am Wege, dort werden Märkte abgehalten und auch Feste gefeiert. Vom Frühjahr bis in den späten Herbst, ja selbst im tiefen Winter, feiern die Burgunder. Berühmte Feste wie im Januar in den Dörfern der Côte d'Or die *Fête »tournante« de la Saint-Vincent* zu Ehren des Schutzpatrons der Winzer, wie die große Wallfahrt *Fête de la Sainte-Madeleine* im Juli in Vézelay oder die urig-ländliche *Fête du Charollais* im August in Saulieu, bei der so herzhaft gegessen und getrunken wird, daß man meint, das Schlaraffenland feiere fröhliche Auferstehung.

An landschaftlichen Höhepunkten mangelt es ebenfalls nicht zwischen Yonne, Loire und Sâone. Das ist ganz wörtlich zu nehmen: Vom 407 m hohen Mont Auxois, auf dem der in Bronze gegossene Vercingetorix das Gelände überblickt, in dem sich 52 v. Christus die Legionäre des Cäsar verschanzt hatten, über den heiligen Berg von Vézelay, gekrönt mit der Basilika Sainte-Madeleine, bis zum Mont Beuvray mit den Resten der Gallierhauptstadt Bibracte und zu den Höhen des Morvan erlebt man das Land aus der Vogelperspektive. An heißen Sommertagen findet man im Morvan, dem grünen Herzen von Burgund, Erfrischung. Diese Insel der Wälder und Seen, der Schluchten, grünen Hügel, klaren Bäche und stil-

AUFTAKT

len Weiler ist eine Welt für sich. Angler, Wanderer und Wassersportler haben hier mit dem Parc Naturel Regional ihr Himmelreich, so wie die Weinfreunde auf die Côte d'Or schwören und Liebhaber der Romanik sich an den verborgenen Schätzen in den Dörfern des Brionnais delektieren. Die Uhren gehen anders in Burgund, hier scheint die Welt noch in Ordnung zu sein. Das einstige Reich der Großen Herzöge lädt zum Verweilen und Genießen ein, von Sehenswürdigkeit zu Sehenswürdigkeit zu hetzen, wäre geradezu eine Sünde. Dieser Landstrich will mit der Muße und Liebe des Feinschmeckers entdeckt werden, der weiß, daß Eile und Hektik des Teufels sind. Neben den großen Stationen am Wege sind es gerade auch die kleinen Städte und Dörfer, in denen sich Burgund unverfälscht zu erkennen gibt, in Städtchen wie Semur-en-Auxois, Flavigny-sur-Ozeraine, Alise-Sainte-Reine, Avallon, Saulieu und Tournus ... Da scheint man in der Vergangenheit spazieren zu gehen, um zu entdecken, daß sich hinter der Dornröschenkulisse Leben rührt. Zu bestimmten Tageszeiten bevölkern sich die Marktplätze und Gassen mit Leuten von heute. Am Morgen kommen Frauen und Kinder mit Baguettes unterm Arm aus der Boulangerie, am Mittag Punkt Zwölf versammeln sich Männer in Arbeitskleidung zum Apéritif in der Bar des Hotel du Commerce und am Abend wiederholt sich dieses Ritual der französischen Provinz am selben Ort. Noch immer tafelt der Burgunder *en famille* im Restaurant, wenn auch vielleicht nicht mehr so häufig wie früher, denn das Geld wird nun mehr auch für dauerhaftere Konsumgüter ausgegeben. Eins steht indes fest: Sie sind den guten Seiten des Lebens zugewandt, das ist heute nicht anders als zur Zeit der Großen Herzöge. Wenn es das Schlaraffenland gegeben hat ...

Sieg des Spatens über Todesmut

Wie Cäsar im »De bello Gallico« berichtet, dauerte sein Feldzug zur Unterwerfung Galliens fünf Jahre, von 58 bis 53 vor Christus. Doch 52 v. Chr. vereinten sich die gallischen Stämme in einem großen Aufstand unter dem jungen Arvernerfürsten Vercingetorix. Nach anfänglichen Erfolgen mußte sich der Gallier jedoch mit seiner Streitmacht auf den Mont Auxois zurückziehen. Cäsar kreiste ihn ein und ließ seine Legionäre zum Spaten greifen und Festungslinien ziehen. Damit saß Vercingetorix in der Falle. Selbst ein großes gallisches »Entsatzheer« vermochte ihn nicht zu befreien. Eiserne Disziplin der Römer siegte über gallischen Todesmut, das Entsatzheer wurde abgeschlagen und zerstreute sich. Als die Vorräte der Eingeschlossenen aufgebraucht waren, ergaben sie sich, und Vercingetorix lieferte sich dem Sieger aus, um seine Leute zu retten. In römischer Gefangenschaft wurde dem tapferen Fürsten ein schmähliches Ende bereitet: Im Verlauf eines Triumphzuges ließ Cäsar ihn im Tullianum erdrosseln.

STICHWORTE

Von Baukunst bis Literatur

Die burgundische Kulturlandschaft gibt lebendige Einblicke in die Geschichte, ohne die heutigen Vorzüge zu vernachlässigen

Baukunst

Burgund ist eine Schatzkammer der romanischen Baukunst. Die Abteikirche des Benediktinerklosters *Cluny*, erbaut 1088 bis 1130, war die nach dem Petersdom in Rom größte Basilika der Christenheit. Mit der Schule von Cluny wurde die burgundische Romanik begründet. Die Zerstörung in der Revolution ließ von der einstigen Anlage nur wenige Reste übrig, trotzdem lohnt sich der Besuch von *Cluny* auch heute noch. Die unversehrt erhaltene schöne *Basilique du Sacré-Cœur* von *Paray-le-Monial* ist eine kleinere Schwester der ehemaligen Abteikirche von Cluny; sie wurde wie jene zwischen 1090 und 1109 von dem heiligen Hugo, Abt von Cluny, erbaut.

Von überragender Bedeutung ist auch die Basilika *Sainte-Madeleine* von *Vézelay*. Die Schönheit des lichten Innern wird durch einen einmaligen Reichtum an romanischer Plastik ergänzt, dem Figurenschmuck des berühmten

Romanische Kunst pur: Kapitell in der Basilika Sainte-Madeleine in Vézelay

Tympanon und der Kapitelle. Das besterhaltene Zisterzienserkloster von Burgund ist die vom heiligen Bernhard von Clairvaux 1118 gegründete Zisterzienserabtei *Fontenay*, deren schlichte Pfeilerbasilika ohne Turm wie überhaupt die gesamte Anlage den Geist seines Gründers widerspiegelt.

Als eine sehr schöne romanische Kirche gilt aber auch die 1019 geweihte Abteikirche *Saint-Philibert* in *Tournus*. Die Romanik dieses machtvollen Baus ist von einer unübertroffenen Reinheit und verzichtet auf jeden Figurenschmuck. Anders *Autun*, dessen berühmte Kathedrale *Saint-Lazare* als eine der großen Stationen der romanischen Kunst in Burgund mit einem geradezu majestätischen Tympanon und reichem Figurenschmuck der Kapitelle aufwartet. Sie sind das Werk des genialen Künstlers der Romanik, des anonymen Meisters Gislebertus.

Neben diesen großen Stationen der romanischen Kunst bietet das Burgund eine Fülle weniger bekannter Kirchen, von denen dennoch viele wahre Kleinode darstellen.

Bernhard von Clairvaux

Der Reformator des Zisterzienserordens und Klostergründer ist eine der großen Gestalten des Mittelalters. Im Jahre 1091 auf dem Schloß von *Fontaine* bei *Dijon* geboren, trat der heilige Bernhard von Clairvaux 1112 ins Kloster *Cîteaux* ein, das er 1115 verließ, um in Nordburgund das Kloster *Clairvaux* zu gründen. Bis zu seinem Tod im Jahre 1153 wuchs die Zahl der neugegründeten Abteien und Klöster auf 350; zu Beginn des 14. Jahrhunderts umfaßte der Orden mehr als 700 Klöster in allen Teilen Europas. Der Pracht und Machtfülle von *Cluny* überdrüssig, stellte der heilige Bernhard strenge Regeln auf, nach denen die Mönche lebten. Die jungen Menschen kamen in Scharen, um in die von ihm gegründeten Klöster einzutreten und durch den Verzicht auf alle weltlichen Güter die Welt zu erlösen.

Neben seiner überragenden Bedeutung als Oberhaupt des Ordens war der heilige Bernhard ein bedeutender theologischer und philosophischer Schriftsteller seiner Zeit und innerhalb Europas ein politisch sehr einflußreicher Mann.

Charolais-Rinder

Nach der sanfthügeligen Region im südlichen Burgund ist die berühmte weiße Rinderrasse dieses Landstrichs benannt, deren Filets unübertroffen saftig und zart sind. Mit rund 3 Millionen Exemplaren rangiert die Rasse Charolais in Frankreich an vierter Stelle. Die besondere Fleischqualität wird nicht zuletzt dadurch erreicht, daß die Rinder fast das ganze Jahr im Freien weiden. Charolais-Bullen sind in vielen Ländern der Erde als Stammväter begehrt und erzielen stattliche Preise.

Die Rasse entstand ab 1773, als Urheber gilt der Bauer Claude Mathieu. 1842 wurde das erste Zuchtbuch angelegt. Zu den Stammvätern gehören auch Durham-Rinder, die zu 7 Prozent eingekreuzt wurden. Von April

Charolais: Markenzeichen der Rinderhaltung in Südburgund

STICHWORTE

bis Dezember werden große, wöchentliche Viehmärkte in *Charolles* und *St-Christophe-en-Brionnais* veranstaltet, bei denen jeweils Tausende der weißen Rinder den Besitzer wechseln. Dabei werden die stattlichsten Bullen gekürt. Für Frühaufsteher: Der Markt dauert von 4–9 Uhr. Ein besonderes Burgunderlebnis!

Confrérie des Chevaliers du Tastevin

Seit 1944 ist Schloß *Clos de Vougeot* Sitz der illustren Brüderschaft der *Tastevin*-Ritter, der bekanntesten unter den zahlreichen burgundischen Weinbruderschaften. Von den jährlichen *Chapitres,* den Sitzungen der *Confrérie des Chevaliers du Tastevin,* wird unter dem kirchenschiffhohen Dachgebälk, dem ehemaligen Dormitorium der Mönche, gefeiert. Fanfaren schmettern, Reden werden geschwungen, geistreiche Toastsprüche angebracht und feurige Trinklieder, die *Cadets de Bourgogne* angestimmt. Und natürlich wird festlich getafelt und gezecht, wie es alte Tradition in Burgund ist. Bei diesen Festmählern, »wo Ritterlichkeit und Anstand nie fehlen«, sind berühmte Persönlichkeiten zu Gast, Künstler, Schriftsteller, Staatsoberhäupter und zuweilen auch ein gekröntes Haupt. Zur Weinlese und im Frühjahr werden in besonderen *Chapitres* die Weintraditionen gepflegt: die *Saint-Vincent tournante* gilt dem heiligen Vinzenz und wird jedes Jahr in einem anderen Weinort der Côte d'Or veranstaltet. Bei der *Tastevinage* versammeln sich Weinkenner im *Clos de Vougeot,* um die anonym von burgundischen Winzern und Weinhändlern zur Bewertung eingereichten Weine zu testen und die besten zu prämieren. Diese *Vins tastevinés* sind so berühmt wie die Hospiceweine von Beaune.

Gallo-romanisch

Mit der Eroberung Galliens in den Jahren 58–51 v. Chr. durch Cäsar wurde Burgund für über 400 Jahre römische Provinz. Zahlreich sind die Spuren, die Rom hinterlassen hat. An großen Bauten sind vor allem die römischen Stadttore von *Autun* zu nennen. Ausgrabungen in *Alesia,* wo Vercingetorix sich auf dem *Mont Auxois* verschanzt hatte und schließlich vor Cäsar kapitulieren mußte, brachten eine ganze römische Stadt zutage, mit gepflasterten Straßen, den Resten von Tempeln, einem Forum und zahlreichen Wohnhäusern. Gallo-romanische Funde, vor allem Töpfereien und wertvolle Goldschmiedearbeiten, wurden in *Vertault,* nicht weit von *Châtillon-sur-Seine,* gefunden. Sogar die Quelle der Seine haben die Römer »kultiviert«: Der Göttin Sequana war ein Tempel geweiht, an der Quelle selbst fand man die Bronzestatue eines Fauns und der Göttin sowie Holzfiguren und Exvotos. Im Weinmuseum von *Beaune* entdeckt man die kleine Statue eines Silen, der den kindlichen Bacchus im Arm trägt, Zeuge des Weinbaus in römischer Zeit, vor fast zweitausend Jahren.

Kanäle

Die Lage Burgunds auf der Linie der Wasserscheide von Seine und Loire einerseits und Saône/Rhône andererseits machte mit dem Beginn der Industrealisie-

Canal de Bourgogne: heute nur noch im Dienst der Freizeitschiffahrt

rung den Bau von Kanälen erforderlich, um die Flußsysteme aneinander zu binden. So entstanden im Norden der *Canal de Bourgogne* zwischen der Saône südlich von *Dijon* und der Yonne nördlich von *Auxerre,* der *Canal du Centre* zwischen Saône und Loire im Süden von Burgund, der *Canal du Nivernais* zwischen Loire und *Canal de Bourgogne;* der *Canal Latéral à la Loire* zwischen *Châtillon-sur-Loire* und *Digoin* sowie dessen nördliche Fortsetzung, der *Canal de Briare.* Früher waren die Kanäle wichtige Wasserstraßen für den Warentransport. Kunstvolle Schleusen, Schleusentreppen und Tunnel wie die 1642 vollendeten Schleusen von *Rogny-les-Sept-Écluses* am *Canal de Briare,* der schöne, 662 m lange *Pontcanal* von *Eiffel* am Anfang des *Canal de Briare* oder der 758 m lange Tunnel *Souterrain de la Collanchelle,* mit dem der *Canal du Nivernais* den Höhenrücken zwischen Loire und Yonne durchstößt, gehören zu den Sehenswürdigkeiten des Kanalsystems.

Heute dienen die burgundischen Kanäle fast ausschließlich der Freizeitschiffahrt. Es gibt zahlreiche Verleihfirmen von Hausbooten und man kann auf zum Hotelschiff umgebauten Lastkähnen Ferien auf dem Wasser verbringen oder Tagestouren machen *(siehe Seite 90).*

Karl der Kühne

Unter den *Grands Ducs,* den großen Herzögen aus dem Hause Valois, erlebte Burgund in der Zeit von 1364 bis 1477 seine größte Blüte und stieg zu einer europäischen Großmacht auf. Eine tragische Figur war der letzte Herzog, Karl der Kühne (Herzog 1467 bis 1477). In ihm steigerten sich die positiven Charakterzüge seiner Vorfahren ins

STICHWORTE

Maßlose: Stolz und gebildet, kämpferisch und kunstliebend, träumte er davon, seinen Rivalen Ludwig XI. zu entthronen und selbst König zu werden. Er verstrickte sich in kostspielige Kriege, annektierte kurzzeitig das Herzogtum Lothringen, wurde aber dann von den Eidgenossen entscheidend bei *Grandson* und *Morat* geschlagen. Doch Karl der Kühne versuchte weiter sein Glück. Am 5. Januar 1477 belagerte er das von René von Lothringen verteidigte Nancy, aber fiel in der Schlacht. Im Frühjahr, als das Eis taute, fand man den halb von Wölfen gefressenen Leib des Herzogs in einem Sumpf. Es ist jedoch nicht erwiesen, ob bei der prunktvollen Trauerfeier, die der Sieger René zu Ehren des Gefallenen ausrichten ließ, wirklich Karl der Kühne oder ein namenloser Söldner zu Grabe getragen wurde. Seine Rolle als europäische Großmacht hatte Burgund jedenfalls mit dem Tod Karls des Kühnen ausgespielt.

Klöster

In keiner anderen Provinz Frankreichs gab es größere und wohlhabendere Klöster als in Burgund: *Cluny* nahe *Mâcon, Saint Bénigne* in *Dijon* und *Cîteaux* zwischen *Dijon* und *Beaune, Fontenay* nordwestlich von *Dijon* sowie ihre zahlreichen Niederlassungen. Das mächtige, reiche Benediktinerkloster *Cluny* gründete oder übernahm in seiner Blütezeit zu Beginn des 12. Jhs. allein in Burgund so bedeutende Abteien *(Filles ainées)* wie *Saint-Germain* in *Auxerre, Paray-le-Monial, Saint-Marcel* in *Chalon* sowie Klöster in *Vézelay, Nevers* und *Charité-sur-Loire.* Keimzelle und heutiges Zentrum des Zisterzienserordens ist *Cîteaux.* Während das Kloster *Clairvaux* verschwunden ist und einem Zuchthaus Platz gemacht hat, ist die Abtei *Fontenay,* gegründet von Bernhard von Clairvaux, die am besten erhaltene Klosteranlage in Burgund.

Landwirtschaft

Die Vielfalt der Landschaften und Böden in Burgund bedingt eine variationsreiche landwirtschaftliche Nutzung. Besonders fruchtbare Regionen sind der Nordwesten um *Sens* und *Auxerre,* wo großflächig Getreide angebaut und Rinderzucht betrieben wird. Die Rasse *Charolais* ist nicht nur in der eigentlichen Stammheimat, dem *Charollais,* anzutreffen; die weißen Rinder weiden praktisch in ganz Burgund dort, wo die Weiden saftig sind. Außer dem *Charollais* und *Brionnais* bietet der Westen, das *Nivernais,* da-

---

Die Marco Polo Bitte

Marco Polo war der erste Weltreisende. Er reiste in friedlicher Absicht, verband Ost und West. Er wollte die Welt entdecken, fremde Kulturen kennenlernen, nicht zerstören. Könnte er für uns Reisende des 20. Jahrhunderts nicht Vorbild sein? Aufgeschlossen und friedlich sollte unsere Haltung in anderen Ländern sein. Dazu gehören auch Respekt vor Mensch und Tier und die Bewahrung der Umwelt.

WWF

für beste Voraussetzungen; es wird an der Loire um das Zentrum *Pouilly* aber auch Wein angebaut. Holzeinschlag in den großen Wäldern des *Nivernais* ergänzt hier die Landwirtschaft.

Besonders vielseitig und ertragreich ist die Landwirtschaft im Süden von Burgund, im *Saônetal* und in der *Bresse*. Neben Rüben, Kartoffeln und Weizen werden Mais, Tabak, Ölfrüchte und Gemüse angebaut. Berühmt sind die Hühner der *Bresse*. Wie in den anderen französischen Departements geht aber auch in Burgund die Zahl der Höfe zurück, und es verstärkt sich bei stagnierendem oder sinkendem Einkommen der wirtschaftliche Druck auf die burgundischen Bauern. Von den erwerbstätigen Landwirten, die in den nächsten Jahren in Rente gehen, haben nur wenige einen Nachfolger. Dadurch wird sich in Frankreich bis zum Jahr 2000 die Zahl der Bauern um schätzungsweise 200 000 verringern.

Literatur

Die Romanschriftstellerin *Sidonie Gabrielle Colette,* kurz *Colette,* wurde 1873 in *Saint-Sauveur-en-Puisaye* (Yonne) geboren. In vielen Werken hat sie ihren Geburtsort und das Land im Nordwesten von Burgund geschildert, in »Claudine à l'école«, »La maison de Claudine«, »Sido«, »Les vrilles de la vigne«... In Deutschland wurde sie vor allem durch die Romane »Erwachende Herzen« und »Gigi« bekannt.

Der 1866 in *Clamecy (Nièvre)* geborene Romancier und Nobelpreisträger von 1915, *Romain Rolland,* ist vor allem mit dem großen Roman »Jean Christophe« bekannt geworden. Zu den ins Deutsche übersetzten Werken gehören unter anderem »Meister Breugnon« und »Verzauberte Seelen«. Der Dichter und Humanist war auch ein Streiter für die Aussöhnung zwischen Frankreich und Deutschland. In *Vézelay* verbrachte

Rettung durch die Schwarze Madonna

In der Kirche Notre-Dame zu Dijon ist ein hochkarätiger Kunstschatz zu sehen: eine Schwarze Madonna aus dem 11. Jahrhundert. Den Bürgern von Dijon ist sie aus einem anderen Grund lieb und teuer. Der Notre-Dame-de-Bon-Espoir wird nämlich wundertätige Kraft zugeschrieben, zweimal schon rettete sie die Stadt aus höchster Not. Beim ersten Mal, im Jahre 1513, belagerte ein Schweizer Heer Dijon, das nur von einigen tausend Mann verteidigt wurde. Man betete zur Schwarzen Madonna und ließ den Schweizern als letztes Friedensangebot etliche Fässer besten Weins überbringen. Das Wunder geschah, die Schweizer labten sich am Wein, und nach dem Gelage war von einer Einnahme der Stadt keine Rede mehr. Das zweite Wunder ereignete sich 1944. Dijon war von den Deutschen besetzt, als die Alliierten auf die Stadt vorstießen und schwere Kämpfe das Schlimmste befürchten ließen. Doch unverhofft wurde Dijon geräumt und damit eine Zerstörung der burgundischen Hauptstadt verhindert.

STICHWORTE

Ehemalige Benediktinerabtei Cluny

Rolland seine letzten Lebensjahre; hier starb er 1944.

Alphonse de Lamartine wurde 1790 in dem Dorf *Milly-Lamartine* nahe *Mâcon* geboren. Berühmtheit erlangte er mit elegischen Versen, durch die er zu einer führenden Figur der französischen Romantik wurde. Im Deutschen erschienen »Jocelyn« und »Der Fall eines Engels«. Kurze Zeit war Lamartine nach 1848 Außenminister. Die Verbundenheit mit seiner burgundischen Heimat hielt lebenslang an: Er bewohnte Schlösser nahe *Mâcon*, vor allem jenes in *Saint-Point*, das ihm sein Vater zur Hochzeit schenkte und das er so lange um- und ausbaute, bis er finanziell ruiniert war.

Nicéphore Niepce, Vater der Photographie

Als erster Mensch brachte es der im Jahre 1765 in *Chalon-sur-Saône* geborene Physiker Joseph Nicéphore Niepce fertig, ein Objekt so wiederzugeben, wie es in Wirklichkeit aussieht. Im Museum seiner Geburtsstadt ist der Apparat zu sehen, mit dem er zwischen 1816 und 1822 die Pionierat vollbrachte: ein hölzerner Kasten mit abnehmbarer Rückwand, vorn ein großes Loch ohne Linse – eine *Camera obscura*. Bereits 1813 hatte Niepce mit den Versuchen einer »Reproduktion der Natur ohne Hilfe der menschlichen Hand« begonnen. Die erste Landschaftsaufnahme gelang ihm 1822 vom Fenster seines Hauses in *Saint-Loup-de-Varennes*. Er erfindet auch die erste bewegliche Blende, die aus ineinanderverschiebbaren Metall-Lamellen besteht, und die erste Spule zum Transport des Aufnahmematerials aus lichtempfindlichem Papier. Doch dann nahm sich der geschäftstüchtige Maler Louis Jacques Daguerre der Erfindung an und vermarktete sie. Nicéphore Niepce starb 1833 verarmt und vergessen.

ESSEN & TRINKEN

Schlemmen in der Bourgogne

Feinschmeckerlokale der allerbesten Güte –
ein Genuß ohne Reue

Seit dem Mittelalter ist bekannt, daß die *Bourguignons,* die Bewohner dieses Schlaraffenlandes, Gourmets und Gourmands zugleich sind. Man kann auf einer Burgundreise jeden Tag in einem anderen Feinschmeckerlokal erster Güte einkehren: Bei Bernard Loiseau in Saulieu, Jean-Pierre Billoux in Dijon, Michel Lorain in Joigny, Marc Meneau in Saint-Père-sous-Vézelay, Jacques Lameloise in Chagny, Geoges Blanc in Vonnas, Jean Ducloux in Tournus und vielen anderen, mit Auszeichnungen bedachten Kochkünstlern.

Burgund kann mit fast einem Drittel der großen Küchen-Adressen in Frankreich aufwarten. Dagegen sind Restaurants der soliden bürgerlichen Mittellage in Burgund erstaunlicherweise ausgesprochen dünn gesät. Rustikale Erwartungen – zum Beispiel an einen klassischen *Coq au Vin* – werden leider oft enttäuscht. In diesem Sinne ißt man bei den mit Sternen ausgezeichneten Köchen ausgesprochen preiswürdig.

Burgundische Spezialitäten

Im allgemeinen zeichnet sich die burgundische Küche eher durch Einfachheit denn Raffinement aus. Sie wurde natürlich im Laufe der Jahrhunderte ständig weiterentwickelt, hat dabei aber nicht ihren bodenständigen, urwüchsigen Charakter verloren. Zum Beispiel bildet der Wein den wichtigsten Grundstoff, und zwar nicht nur begleitend in der Soße, vielmehr werden fast alle Speisen in Wein gekocht. Dabei stehen die besten Rohstoffe zur Verfügung: Da ist vor allem das Fleisch der berühmten weißen *Charolais*-Rinder, das an Zartheit unübertroffen ist – wobei Hormone nicht im Spiel sind. Auch nicht bei den Lämmern der Rasse *Charollaise,* die ganzjährig im Freien weiden und deren Fleisch saftig und von feinem Geschmack, dabei jedoch mager ist. Die Hühner der *Bresse* sind seit dem Mittelalter berühmt und werden als einziges tierisches Produkt Frankreichs seit 1919 mit derselben Herkunftsbezeichnung A. O. C. *(appelation d'origine controllée)* wie der Wein versehen.

Fischreiche Flüsse, Bäche und Seen liefern Forellen, Karpfen, Zander, Barsch und Krebse. Die

Nuits-St-Georges: kostbarer Tropfen auf dem Prüfstand

Escargots de Bourgogne, die burgundischen Schnecken, sind eine international geschätzte Delikatesse. In sogenannten *Héliucultures* werden sie heutzutage gezüchtet.

Spezialitäten
Jede burgundische Region hat ihre Spezialität, die natürlich landesweit aufgetischt wird. Da wäre *jambon persillé* (Schinken in Petersilienaspik) von der Côte d'Or, *andouillete* (gewürzte Gekrösewurst) von Chablis, Maçon oder Clamecy, *paupiettes de veau au Pernand* (Kalbsrouladen in Pernandwein von der Côte de Beaune), *coq au Chambertin* (Hahn in Chambertinwein), *boeuf bourguignon* (in Rotwein geschmorte Rindfleischwürfel mit Schalotten, Zwiebeln u. a.) und *daube bourguignon* (geschmortes Rindfleisch mit Gemüse).

Typische Spezialitäten sind ferner *jambon braisé à la lie de vin* (Schinken gekocht in Hefewein), *grives des vignes à la Jean-sans-Peur* (Krammetsvögel aus dem Weinberg), *quenelles de brochet* (sahnige Hechtklößchen), *cuisses de grenouille* (Froschschenkel aus dem Chalonnais), *râble de lièvre* (Hasenrücken) und nicht zuletzt *fondue bourguignonne. Poulet »en sauce«* ist Huhn in Weißweinsoße, wobei die Soße je zur Hälfte aus Sahne und Weißwein besteht.

Sahne ist überhaupt wesentliche Ingredienz, mit der Nouvelle Cuisine hatten und haben die Burgunder nichts im Sinn. Spezialitäten wie *champignons à la crème* oder *a la crème* sind keine Schlankmacher. Als Faustregel gilt im Schlaraffenland: Hier darf der Gast nicht auf die Linie achten. Er muß gefälligst vor- und nachher hungern.

Beim Käse stehen 27 Sorten zur Wahl, vom namhaften *Ami du Chambertin* über den *Cîteaux* bis zum *Brillat Savarin* und *Soumaintrain.*

ESSEN & TRINKEN

Auch in Sachen Nachtisch *(dessert)* herrscht üppige Vielfalt. Viele Städte und Regionen haben ihre eigenen Spezialitäten entwickelt wie Dijon das *pain d'épice* (Honigbrot) oder *Poire Belle Dijonaise*, Chablis sein *Buiscuits*, Autun sein *pavé* (Lebkuchen), Nevers sein Krokant ...

Zur Einstimmung auf die Freuden der Tafel wird in Burgund der *Kir*, einer der berühmtesten Apéritifs Frankreichs, gereicht. Er besteht aus einem Teil *crème de Cassis* (Johannisbeerlikör) und vier bis fünf Teilen *aligoté*, einem herben Burgunder Weißwein. Namenspatron dieses Getränks ist der frühere, sehr populäre Dijoner Bürgermeister und Kanonikus Felix Kir.

Wein

Natürlich sollte man zum Essen einen Wein der Region bestellen, nämlich den fruchtig-samtenen roten Burgunder. Dabei spielt auch eine Rolle, wieviel man ausgeben möchte. Im allgemeinen liegen die Preise des Burgunders höher als für Weine aus anderen Regionen Frankreichs. Immerhin sind auch solide, gute Tischweine wie zum Beispiel jene der *Côte de Nuits-Villages* oder *Beaujolais Villages* auf den Weinkarten von Spitzenrestaurants zu finden. Wichtig ist das rechtzeitige Öffnen der Flasche und die richtige Temperatur (16 Grad), damit der Wein sich voll entfalten kann. Das ist besonders bei teuren, alten Weinen zu beachten.

In der Côte d'Or, dem Herzstück des burgundischen Weinbaus, wird vor allem die Rebsorte *Pinot noir* angebaut, die den berühmten roten Burgunder hervorbringt. Die Namen der Gemeinden der Côte d'Or stehen an der Spitze der französischen Weinliste. Bei so weltbekannten Lagen wie *Gevrey-Chambertin, Vosne-Romanée, Chambolle-Musigny* oder *Morey-Saint-Denis* sind es die Weingärten (Weinlagen) selbst, die vor den Dorf- und Gemeindenamen stehen und als *Premiers Crus* gelten. Sie liegen normalerweise eine Klasse höher als die anderen Weingärten oder *Climats. Climat* ist die burgundische Bezeichnung für die Parzelle eines Weinberges. Bessere *Climats* werden als *Premier Cru* bezeichnet, man setzt dessen Namen in gleichgroßer Schrift hinter die Dorfbezeichnung. Einzellagen mit überragender Reputation werden als *Grand Cru* bezeichnet; auf dem Etikett reicht der Name der Lage allein, zum Beispiel *Chambertin* oder *Romanée*, als Herkunftsbezeichnung.

Nordwestlich der Côte d'Or liegt das Gebiet des *Chablis*, eines geschätzten Weißweins aus der Chardonnay-Traube. Im Süden, zwischen Chagny und Saint-Vallerin, beginnt das Mercurey-Gebiet, die sogenannte Côte Chalonnaise nahe der Stadt Chalon-sur-Saône. Die bekanntesten Lagen sind hier *Rully, Givry, Mercurey* und *Montagny*.

Weingeographisch gehört das Gebiet des Beaujolais im Süden noch zu Burgund. Hier wächst der Prototyp des Karaffenweins, der *Beaujolais-Villages*. Aus der Menge ragen einige große Gewächse heraus, wie *Chénas, Saint-Amour* und *Moulin-à-Vent*. Zur Burgundreise gehört auf jeden Fall die Weinprobe in einem der zahlreichen Degustationskeller, sei es bei einem Winzer oder einer Weinhandlung.

EINKAUFEN & SOUVENIRS

Wein vom Winzer

*Kulinarische Andenken aus der Bourgogne
zur Urlaubsverlängerung daheim*

Den Einkaufsbummel auf einem Wochenmarkt in einer der kleinen burgundischen Städte sollte man sich keinesfalls entgehen lassen. Hier gibt es alles, was die Region an landwirtschaftlichen Produkten hervorbringt in bester Qualität und Frische zu besonders günstigen Preisen. Auch Spezialitäten wie Kastanienhonig aus dem *Morvan* oder in Handarbeit gefertigter Käse sowie Korbwaren, Keramik und andere Erzeugnisse sind hier oft zu finden.

Der Senf aus *Dijon* ist weltbekannt. Man findet ihn in jedem Supermarkt. Am schönsten wird er allerdings im *Magasin de Moutarde* in *Dijon, rue de la Liberté,* präsentiert. Hier stößt man auch auf Zubereitungen, die man sonst vergeblich sucht.

Zum Weinkauf laden von *Chablis, Côte-de-Nuits* über *Côte de Beaune* bis ins *Mâconnais* 260 Winzer, Kellereien und Weinhändler mit dem Schild *De Vignes en Caves, Visite & dégustation* ein. In den wohlsortierten Weinhandlungen von Beaune oder Dijon kauft man natürlich nicht so günstig wie direkt beim Winzer oder im Château. In den Dörfern der *Hautes-Côtes,* zum Beispiel in *Pernand-Vergeless,* verkaufen die Winzer einen ehrlichen, ausgezeichneten Tropfen. Dabei kann man mit Weinen der letzten Ernte richtige Schnäppchen machen, verglichen mit den sonst üblichen hohen Preisen für Burgunderweine. Der Besuch beim Winzer ist aber nicht nur aus ökonomischen Gründen ein Gewinn. Bereitwillig und nicht ohne Stolz beantwortet der Winzer alle Fragen des Besuchers. Ob man mit einer oder zehn Flaschen von dannen zieht, ist ihm weniger wichtig als die Begegnung in einer herzlich-offenen Atmosphäre.

Öffnungszeiten
Man hat in Frankreich keine festen, durch Gesetz geregelte Ladenschlußzeiten. Als Richtschnur kann gelten: Wochentags sind die Geschäfte von 9–12.30 und von 14–19 Uhr geöffnet. Da dies auch ganztägig für den Samstag und für den Sonntagvormittag gilt, ist der Montag für den Einzelhandel Ruhetag. Tabak- und Souvenirläden, vereinzelt Bäckereien und größere Supermärkte sind jedoch davon ausgenommen.

Handgeschöpfter Käse

BURGUND-KALENDER

»Les Trois Glorieuses«

*Das wichtigste Fest wird im November gefeiert.
Aber auch der Sommer ist festesfroh*

Natürlich stehen in Burgund im Festkalender Weinfeste an erster Stelle. Dabei wird nicht nur getrunken, sondern auch mit Verve musiziert, getanzt und Theater gespielt. Höhepunkte im Festkalender sind daneben die traditionellen ländlichen Märkte und Feste zu Ehren von Heiligen. Über die genauen Termine erkundige man sich bei den lokalen Touristenbüros.

OFFIZIELLE FEIERTAGE

1. Januar;
Ostermontag;
1. Mai;
8. Mai *(Kriegsende 1945)*;
Christi Himmelfahrt;
Pfingstmontag;
14. Juli *(Nationalfeiertag)*;
15. August *(Assomption, Mariä Himmelfahrt)*;
1. November *(Allerheiligen)*;
11. November *(Ende des Ersten Weltkrieges 1918);*
25. Dezember.

*»Fêtes international de la vigne«
im September in Dijon:
Natürlich gehört Musik mit
historischen Instrumenten dazu*

FESTE UND LOKALE VERANSTALTUNGEN

Januar
Côte d'Or: Samstag nach dem 22. Januar *Fête de la Saint-Vincent* mit einer Prozession zu Ehren des Schutzheiligen der Weinbauern; jedes Jahr in einem anderen Weinort

Februar
Chablis, *Weinfest Saint-Vincent tournante*

März
Chalon-sur-Sâone, Auxonne und Chagny: *Karneval*
Nevers: *Traditioneller Jahrmarkt*

Mai
Mâcon: Dritte und vierte Woche Weinmesse *Foire nationale des vins de France*
★ Semur-en-Auxois: 31. Mai Pferderennen edler, alter Rassen *Fête de la Bague*
Paray-le-Monial: Ende Mai *Pèlerinage du Sacre-Cœur*

Juni
★ Autun: Juni bis August historisches Schauspiel *Il était une fois Augustodunum* mit 600 Darstellern

Beaune: 1. und 2. Sonntag *Foire de Beaune*
St-Jean-de-Losne: *Fête de la batellerie*, Fest der Flußschiffahrt
Mont-St-Vincent: Sonntag vor dem 24. Juni *Keltische Johannisfeuer*
Escolives-Sainte-Camille: *Foire aux cerises*, Kirschfest
Beaune: Ende Juni bis 3. Sonntag im Juli *Internationale Musikfeste: Rencontres internationales de musique baroque et classique*

Juli

Saint-Fargeau: Juli und August *Son et lumière im Château* mit 600 Schauspielern und 60 Reitern
Clamecy: 14. Juli *Lanzenstechen auf der Yonne*
Autun: 2. Julihälfte *Musique en Morvan*
Mont-St-Vincent: 3. Sonntag *Weinfest*
★ Vézelay: 22. Juli Historische Wallfahrt *Fête de la Sainte-Madeleine*

August

Étigny: Anfang August Erntefest *Fêtes des moissons*

Historische Kostüme lassen das Mittelalter erneut aufleben

BURGUND-KALENDER

MARCO POLO TIPS FÜR FESTE

1 Volksfest mit Pferderennen
Typisch burgundisch: Höhepunkt des Festes sind die Pferderennen edler, alter Rassen (Seite 27)

2 Römische Erinnerungen
Das alte Augustodunum erlebt eine hinreißende Wiedergeburt (Seite 27)

3 Historische Wallfahrt
Im Juli kommen Tausende nach Vézelay zu Ehren der heiligen Madeleine (Seite 28)

4 Traditionsreiches Weinfest
Zu den »Trois Glorieuses« an die Côte d'Or (Seite 29)

Charolles: 1. Sonntag *Fêtes folklorique internationale*
Clamecy: *Fest der Weißwurst und des Weißweins*
Cluny: *Verschiedene Konzertveranstaltungen (Les Grandes Heures de Cluny)*
Dijon: 9. bis 15. August *Festival du carillon* (Glockenspiel)
Saulieu: Mitte August *Fête du Charolais*
St-Léger-sous-Beuvray: Mitte August *Fête du Grand Morvan*
Ferrières: An den zwei letzten Wochenenden im August *Historisches Kostümfest*
Dijon: Ende August bis Anfang September finden *Weinfest* und *Internationales Musik- und Volkstanz-Festival* statt

September
Alise Sainte-Reine: Wochenende vor dem 7. September *Wallfahrt zu Ehren der heiligen Reine* mit historischen Kostümen. Theateraufführung *Mystère de Sainte Reine*
Dijon: Anfang September *Fêtes international de la vigne*
Gevrey-Chambertin; *Fête du Roi Chambertin*

Oktober
Paray-le-Monial: Sonntag vor dem 16. Oktober *Fête de Sainte-Marguerite-Marie*
Chalon-sur-Sâone: Zweite Oktoberhälfte einwöchiges *Oktoberfest*
St-Léger-sous-Beuvray: Letztes Wochenende *Foire aux marrons*
St-Pierre-le-Moutier: *Jahrestag der Befreiung durch Jeanne d'Arc im Oktober 1424*

November
Dijon: In den zwei ersten Novemberwochen *Foire international et gastronomique*
St-Bris-le-Vineux: Wochenende vor dem 11. November *Weinfest*
Nuits-St-Georges: 3. Samstag, Sonntag und Montag traditionsreiches Weinfest *»Trois Glorieuses«* im Schloß Clos de Vougeot
★ Beaune: *»Trois Glorieuses«* mit Versteigerung der Hospizweine
Meursault: *»Trois Glorieuses«* mit *»Paulée de Meursault«* (Festessen)
Chablis: 4. Sonntag *Weinfest*

Dezember
Dijon: Handwerks- und Geschenkartikelmesse *Salon de l'artisanat et du cadeau*

CÔTE D'OR

Litanei der großen Namen

Beaune im Zentrum der Weingärten und Dijon als Kunst- und Handelsmetropole verlocken zum Verweilen

Zwischen Dijon und Beaune erstreckt sich auf rund 60 km Länge die Côte d'Or: ein zur Saône-Ebene sanft abfallender Höhenzug, an dem sich Weinfeld an Weinfeld reiht. Die Namen der Dörfer zu Füßen der Hügel sind identisch mit denen berühmter Weine: *Gevrey-Chambertin, Vosne-Romanée, Nuits-St-Georges, Pommard, Volnay* und so fort . . .

Landschaftlich ist dieses gesegnete Weinland keine Schönheit. Erst, wenn man die stark befahrene Nationalstraße 74 verlassen hat und über die höhergelegenen Dörfer fährt, entdeckt man den Reiz der Weinhügel mit ihren Rebstock-Armeen. Keller- und Schloßbesichtigungen sind natürlich die Hauptattraktion an der Côte d'Or, ob in Beaune selbst,

Das Hôtel-Dieu in Beaune: erst der Innenhof präsentiert die volle Pracht der Anlage. Verschiedenfarbige, glasierte Ziegel sind zu kunstvollen geometrischen Mustern zusammengefügt

---

Hotel- und Restaurantpreise

Hotels
Kategorie 1: über 500 FF
Kategorie 2: 250–500 FF
Kategorie 3: 90–240 FF

Restaurants
Kategorie 1: über 450 FF
Kategorie 2: 125–250 FF
Kategorie 3: 80–130 FF

Die Preise gelten für zwei Personen im Doppelzimmer mit Dusche/WC bzw. Bad ohne Frühstück. Einzelzimmer sind nur unwesentlich billiger.

Die Preise gelten für die Mehrzahl der Menüs des jeweiligen Restaurants. Bei preisgünstigen Menüs ist mitunter Wein inbegriffen. Ein A-la-carte-Essen ist wesentlich teurer. Die Hauptmahlzeit der Franzosen liegt im allgemeinen zwischen 19 und 22 Uhr.

Wichtige Abkürzungen
av. Avenue
bd. Boulevard

der »Hauptstadt des Weins«, in einem der namhaften Dörfer und Schlösser, voran Meursault und Clos de Vougeot oder bei einem der Winzer der höhergelegenen Dörfer. Die Region Côte d'Or umfaßt jedoch nicht nur die Weinberge zwischen Dijon und Beaune, sondern sie gibt auch dem Departement den Namen, das rund ein Viertel des gesamten Gebietes von Burgund umfaßt. In der Mitte liegt die burgundische Hauptstadt Dijon. Von hier lohnen sich Ausflüge in nördliche und westliche Richtung, ins Châtillonais mit seinen weiten Wäldern, ins Auxois und in den Morvan. Schöne Ziele sind die Quelle der Seine, Alésia und der Mont Auxois, auf den sich Vercingetorix im Kampf gegen Cäsar zurückzog, die Abtei von Fontenay, das Schloß Bussy-Rabutin.

BEAUNE

Die Wein- und Kunststadt (21 000 Ew.) hat durch ihre Lage am Treffpunkt der Autobahnen Besançon–Lyon und Paris–Lyon touristisch eine Vorzugsstellung und ist neben Dijon die bedeutendste Stadt der Côte d'Or. Mit dem Hôtel-Dieu, dem prächtigen mittelalterlichen Armenhospital, besitzt die Stadt ein unvergleichliches Bauwerk mit bedeutenden Kunstschätzen. Im 14. Jahrhundert war Beaune die Hauptstadt der burgundischen Herzöge; in ihrem Palast ist heute das interessante *Musée des vins de Bourgogne* untergebracht.

Obwohl in den Reisemonaten von Touristen überlaufen, konnte Beaune sich seine mittelalterliche Atmosphäre bis heute weitgehend bewahren. Ge-

MARCO POLO TIPS FÜR DIE CÔTE D'OR

1 Hôtel-Dieu in Beaune
Ein Armenspital als großes Kunstwerk (Seite 33)

2 Château Clos de Vougeot
Wo die Mönche edlen Tropfen kelterten (Seite 36)

3 Château La Rochepot
Eine mittelalterliche Burg wie aus dem Märchenbuch (Seite 38)

4 Herzogsgräber in Dijon
Triumph der Kunst über den Tod hinaus (Seite 41)

5 Restaurant Jean-Pierre Billoux
Unvergeßliche Etappe für anspruchsvolle Gaumen (Seite 42)

6 Château Bussy-Rabutin
Exil einer eigenwilligen Persönlichkeit (Seite 44)

7 Châteauneuf-en-Auxois
Schloß und Dorf wie im Bilderbuch (Seite 44)

8 Abbaye de Fontenay
Schönes Beispiel klösterlicher »totaler Architektur« (Seite 45)

9 Schlemmen bei Bernhard
Bernhard Loiseau in Saulieu. Für Feinschmecker eine Reise wert (Seite 47)

10 Semur-en-Auxois
Burgundisches Provinzstädtchen mit viel Charme (Seite 47)

CÔTE D'OR

schäftstüchtig und effizient wird von den großen Weinhandelshäusern der edle Burgunder vermarktet. (H 5)

BESICHTIGUNGEN

Basilique collégiale Notre-Dame
Eine »Tochter von Cluny« ist die Anfang des 12. Jhs. begonnene Kollegiatskirche. Trotz späterer Anbauten ist sie ein schönes Beispiel der romanischen Kunst im cluniazensischen Geist. Bedeutender Kunstschatz der Kirche sind die herrlichen Tapisserien (15. Jh.) im Chor. Geschaffen nach Vorlagen des burgundischen Künstlers Pierre Spicre, stellen sie in satten Farben Szenen aus dem Marienleben dar. *Rue du Paradis*

Hôtel-Dieu
★ Das prächtige Armenspital wurde 1443 von Nicolas Rolin, Kanzler von Burgund unter Herzog Philipp dem Guten, gegründet. Der Stil ist burgundisch-flämisch; bis 1971 wurde es als Krankenhaus genutzt. In dem prächtigen, 52 m langen, 16 m hohen mittelalterlichen Krankensaal *(Salle des pôvres)* mit 28 Betten waren bis 1948 die Kranken untergebracht. Der hier früher an der Stirnseite des Saales angebrachte herrliche Flügelaltar »Jüngstes Gericht« (1443–51) von Roger van der Weyden ist heute in der *Salle du Polyptyque* in einem anderen Teil des Hôtel-Dieu aufgestellt. In anderen Sälen ist eine schöne Sammlung von Wandteppichen und Möbeln ausgestellt. Zu besichtigen sind außerdem die Krankenstation *(Salle St-Nicolas)* mit Ausstellung über die Geschichte des Hôtel-Dieu sowie Apotheke und Küche. *Rue de l'Hôtel-Dieu, tgl. 9–18.30 Uhr (Sommer), sonst 9–12 und 14–18 Uhr, Eintritt 25 FF*

Stadtmauer (remparts)
Die gut erhaltene, im 15./16. Jh. erbaute Stadtmauer mit acht Bastionen umschließt ringförmig die Altstadt. Schöner Spaziergang auf Teilstücken, zum Beispiel auf der von Platanen gesäumten *rempart des Dames* im nördlichen Abschnitt bei der Bastion Notre-Dame.

MUSEEN

Musée des Beaux Arts
In der alten Kapelle der Ursulinen, dem rechten Flügel des *Hôtel-de-Ville* (Rathaus), befinden sich die archäologischen Funde und Kunstsammlungen der Stadt, u. a. flämische und französische Malerei vom 16.–18. Jh. sowie Werke des in Beaune geborenen Malers Félix Ziem. *Rathaus, tgl. 9–12 und 14–17.30 Uhr, Eintritt 10 FF*

Musée du vin de Bourgogne
Das Weinmuseum ist im stattlichen ehemaligen Herzogspalast *(Hôtel des Ducs-de-Bourgogne)* untergebracht. Die Sammlungen von Winzergeräten sowie alten Gläsern, römischen Funden und Kunstgegenständen dokumentieren den Weinbau seit dem 1. Jh. n. Chr. in Burgund. Im 1. Stock werden in einem Saal die großen *Aubusson*-Wandteppiche von Jean Lurçat und Michel Tourlière gezeigt. *Bei der Kirche Notre-Dame. Tgl. 9–12.30 und 13.30–18 Uhr (April–20. Nov.), sonst 10–12 und 13.30–18 Uhr, Eintritt 10 FF*

RESTAURANTS

Caveau Saint-Gilles
In einem Keller des 18. Jhs. werden Schnecken und *Fondue bourguignonne* oder auch *Raclettes* aufgetischt. *29, rue Carnot, Tel. 80 24 70 67, Kategorie 2–3*

L'Écusson
Das Ein-Sterne-Restaurant von Jean-Pierre Senelet ist eine beliebte gastronomische Etappe. Geboten wird eine Kochkunst auf ausgesprochen hohem Niveau. *Place Malmédy, Tel. 80 24 74 02, Kategorie 1*

La Ferme aux vins
Hier kann man typisch burgundische Küche genießen. Dabei hat man gleichzeitig die Möglichkeit, Weine zu probieren. *Av. Charles de Gaulle, Tel. 80 22 46 75, Kategorie 3*

Le Gourmandin
Zu regionalen Spezialitäten wird ein hauseigener Tropfen kredenzt. *8, place Carnot, Tel. 80 24 07 88, Kategorie 2–3*

EINKAUFEN

Hat man keine Gelegenheit, den Wein direkt beim Winzer zu kaufen, bietet Beaune etliche Adressen, wo das Angebot im allgemeinen hohe Qualität mit entsprechenden Preisen vereint: *La Vinothèque, 4, rue Pasumont; Le Vigneron, 6, rue d'Alsace* oder *Caves Exposition de la Reine Pédauque, Port Saint-Nicolas.* Hier kann man ohne Kaufverpflichtung in Ruhe probieren und besichtigen. Weitläufige Weinkeller sind auch in den Bastionen und Türmen der Stadtmauer untergebracht, so jene von *Patriarche Père et Fils, 7, rue du Collège* oder *Calvet, bd. Perpreuil.*

HOTELS

Athanor
In der Altstadt, bei der Kirche Notre-Dame. Guter Komfort, aber kein Restaurant. 32 Zi., *9, rue République, Tel. 80 24 09 20, Kategorie 2*

Belle Epoque
Gemütliches, komfortables Haus in der Nähe der Altstadt. 25 Zi., *15, rue du faubourg Bretonnière, Tel. 80 24 66 15, Kategorie 2*

Hostellerie de la Bretonnière
Gut ausgestattete Zimmer, nahe Zentrum, kein Restaurant. 27 Zi., *43, rue du faubourg Bretonnière, Tel. 80 22 15 77, Kategorie 2–3*

Le Cep
Sehr komfortabel, stilvoll eingerichtet; in zentraler Lage. 52 Zi., *27, rue Maufoux, Tel. 80 22 35 48, Kategorie 1*

VERANSTALTUNGEN

Von Ende März bis November finden im Hôtel-Dieu *Son et Lumière*-Aufführungen statt. Von der letzten Juniwoche bis einschließlich der drei ersten Juliwochen werden die *Rencontres Musicales Internationales de Beaune* veranstaltet. Während der Versteigerung der Hospizweine am 3. Sonntag im November feiert die ganze Stadt.

AUSKUNFT

Office du Tourisme
Place des Halles, Tel. 80 22 24 51

CÔTE D'OR

ZIELE IN DER UMGEBUNG

Aloxe Corton
Das nahe Beaune gelegene Dorf (198 Ew.) besitzt berühmte Weinberge. *Le Corton-Charlemagne* heißt eine der Lagen, nach Karl dem Großen, der hier einen Weinberg besessen haben soll. Zu besichtigen sind ganzjährig die Keller des *Château de Corton-André* im Ort. (H5)

Arnay-le-Duc
Das Städtchen (2400 Ew.), rund 45 km nordwestlich von Beaune, war eine bekannte Etappe auf der Strecke von Paris in den Süden. Hier spielte sich zu Beginn der Französischen Revolution eine berühmte Szene ab: Adelaide und Victoire, Tanten Ludwigs XVI., wurden auf ihrer fluchtartigen Reise nach Italien in Arnay festgehalten und durchsucht. Dabei fand man Geld und Schmuck in Millionenwerten, die sie aus dem Land zu schmuggeln versuchten. Die Kirche *Saint-Laurent* stammt aus dem 15. und 16. Jh., im Innern Kapelle mit schöner Renaissancedecke. Hinter der Kirche die große *Tour de la Motte-Fort*, einziger Rest einer mittelalterlichen Burg. Im *Syndicat d'Initiative, 15, rue Saint-Jacques,* befindet sich das *Maison regional des Arts de la Table, tgl. 10–18.30 Uhr, Eintritt 15 FF,* das den gastronomischen Traditionen Burgunds gewidmet ist. Bei der teilweise erhaltenen Stadtmauer liegt das ehemalige elegante Jagdschloß des Prinzen Condé. In der Umgebung von Arnay liegen mehrere Schlösser wie das mehrfach restaurierte, alte *Château Antigny,* 7 km östlich, oder *Jours-en-Vaux,* 14 km südöstlich.

Hotel-Restaurants: *Chez Camille, 9 Zi., place Edouard Herriot, Tel. 80 90 01 38, Kategorie 2, Clair de Lune, 12 Zi., 4, rue Four, Tel. 80 90 14 93, Kategorie 3* (G4)

Chalon-sur-Sâone
An der Autobahn südlich von Beaune gelegene Stadt (58 000 Ew.), die jahrhundertelang wichtiger Handels- und Verkehrsknotenpunkt war. Hier wurde 1765 der Erfinder der Fotografie, Joseph Nicéphore Niepce geboren. Ein nach ihm benanntes Museum am Ufer der Sâone stellt u. a. den ersten Fotoapparat (1816) und die erste Dunkelkammer der Welt aus. *Quai Gambetta, tgl. außer Di 9.30–11.30 und 14.20–17.30 Uhr.* – Einen Besuch lohnt auch das *Musée Denon* wegen umfangreicher archäologischer Funde und einer Kollektion guter Gemälde, u. a. von Luca Giordano, Théodore Géricault und Édouard Vuillard. *Rue Denon, tgl. außer Di 9.30–12 und 14–17.30 Uhr.* Restaurant: *Le Bourgogne, 28, rue Strasbourg, Tel. 85 48 89 18, Kategorie 2–3.* Hotel: *St-Hubert, 52 Zi.; 35, place Beaune, Tel. 85 46 22 81, Kategorie 2–3* (H6)

Chassagne-Montrachet
Weinort (440 Ew.) der Côte de Beaune mit einer Rebfläche von 350 ha, auf der ausgezeichnete Rot- und Weißweine *(premiers crus)* wachsen. Weinprobe und Weinkauf in der *Caveau Municipal.* (H5)

Chorey-les-Beaune
Das nahe Beaune gelegene hübsche Weindorf besitzt 200 ha Rebfläche, die ausgezeichnete *vins de primeur* hervorbringt.

Weinprobe bei Tollot Beaut & Fils, *rue Alexandre Tollot.* Schlemmeradresse: Hotel-Restaurant *Ermitage Corton, Tel. 80 22 05 28, Route de Dijon, Stadtausfahrt von Beaune, Kategorie 1* (H 5)

Cîteaux

Das östlich der Autobahn zwischen Beaune und Dijon gelegene Kloster ist Gründungsort des Zisterzienserordens (1098). Hier lebte auch der heilige Bernhard, ehe er Abt von Clairvaux wurde. Während der Revolution wurde die Klosterkirche mit den Gräbern der ersten Herzöge von Burgund zerstört. Die heutigen Gebäude stammen vom Ende des 17. bis 19. Jhs. (Kirche). Seit 1898 leben wieder Mönche in Cîteaux, zu besichtigen ist nur die Klosterkirche (audiovisuelle Vorführung, auch in deutscher Sprache). *Eintritt frei* (I 5)

Clos de Vougeot, Château du

★ Das berühmte Weinschloß an der Côte d'Or zwischen Beaune und Dijon lohnt unbedingt einen Besuch. Es wurde 1551 von dem Abt von Cîteaux erbaut und ist heute Sitz der illustren Bruderschaft *Confrérie des Chevaliers du Tastevin.* Im *Grand Cellier,* dem Weinkeller aus dem 12. Jh., finden die jährlichen festlichen Versammlungen am ersten Tag der *Trois Glorieuses* statt. Von gigantischen Ausmaßen sind die vier mittelalterlichen Weinpressen und hölzernen Bottiche im Gärraum. *Führungen April–Sept. 9–18.30 Uhr, sonst 9–11.30 und 14–17.30 Uhr, Sa bis 17 Uhr, Eintritt 12 FF* (I 4)

Gevrey-Chambertin

Als König der Weine, Wein der Könige, wird der berühmte *Grand Cru Chambertin* bezeichnet. In Gevrey-Chambertin, an der Côte Nuits-St-Georges, wird die einmalige Menge von insgesamt 9 *Grand Cru* und 25 *Premiers Crus* erzeugt. Neben der Kirche aus dem 13.–15. Jh. mit romanischem Portal ist das Schloß zu besichtigen. Es stammt aus dem 10. Jh. und ging im 13. Jh. in den Besitz des Klosters Cluny über, das hier seine Weine lagerte. *Führungen tgl.*

Weinzeremonie im Weinkeller des Clos de Vougeot

CÔTE D'OR

> **König der Weine**
>
> Gevrey-Chambertin verdankt seinen überragenden Ruf dem Grand Cru »Chambertin«, einem Weinberg, der im 13. Jahrhundert von einem Winzer namens Bertin angelegt worden war. Von »Champ de Bertin« leitet sich also der heutige Name der Weinlage ab. Chambertin – König der Weine, Wein der Könige, heißt es seit dem Mittelalter. Heute werden in Gevrey-Chambertin insgesamt neun Grands Crus und 25 Premiers Crus erzeugt. Das ist selbst für einen Ort der Côte d'Or eine einmalige Menge an Spitzenweinen.

10–12 und 14–18 Uhr (15. Nov. bis 31. März bis 16.30 Uhr; So vormittags geschl.) (I4)

Ladoix-Serrigny

Berühmte Weine wie *Corton* und *Corton-Charlemagne* sind der Stolz des Dorfes wenige Kilometer außerhalb Beaune an der N 74. Malerische Partien am Fluß. Hotel (auch Kellerbesichtigung): *Les Paulands, 21 Zi., Tel. 80 26 41 05, Kategorie 2.* Restaurant: *Les Coquines, N. 74 nach Buisson, Tel. 80 26 43 58, Kategorie 3* (H–I 5)

Meursault

Die Weißweine des Dorfes, gewonnen aus der Chardonnay-Traube, zählen zu den besten der Welt. Zahlreiche Winzer bieten Weinproben. ✪ Letzte der *Trois Glorieuses* ist die festliche La Paulée, bei der u. a. ein Literaturpreis (100 Flaschen *Meursault*) verliehen wird. Besichtigung der Weinkeller von Château de Meursault: *1. März–30. Sept. tgl. 9.30–12 und 14.30–18.30 Uhr.* Hotels: *Les Charmes, 15 Zi., place Murger, Tel. 80 21 63 53, Kategorie 2; Le Mont Mélian, 12 Zi., 17, rue De Lattre De Tassigny, Tel. 80 21 64 90, Kategorie 3.* Restaurant: *Le Relais de la Diligence, 2,5 km auf D 23, Tel. 80 21 21 32, Kategorie 3* (H 5)

Nolay

Als Standquartier mit mehreren Hotels empfiehlt sich das Marktstädtchen (1600 Ew.) südwestlich von Beaune in der Hügellandschaft der Hautes Côtes. Alte Markthalle (14. Jh.) mit prächtigem Dachgestühl. Restaurant: *La Dent Creuze, 4, rue Saint-Pierre, Tel. 80 21 81 02, Kategorie 3.* Hotels: *Du Chevreuil, 14 Zi., place de l'Hôtel de Ville, Tel. 80 21 71 89, Kategorie 2–3; Du Parc, 8 Zi., place de l'Hôtel de Ville, Tel. 80 21 78 88, Kategorie 3* (H 5)

Nuits-St-Georges

Der Name des Weinstädtchens (5400 Ew.) an der nach ihm benannten Côte steht für einige berühmte Burgunderweine. Sein Ruhm begann zu leuchten, als der Leibarzt des Sonnenkönigs seinem erlauchten Patienten täglich einige Gläser *des Nuits* und *Romanée* zu den Mahlzeiten verordnete. Im *Musée Municipal* Funde der gallo-romanischen Ausgrabungen nahe des Ortes und aus der Merowingerzeit, ergänzt durch eine umfangreiche Sammlung Militaria aus dem Krieg 1870. *Tgl. 10–12 und 14–18 Uhr (1. Mai–Ende Sept).* Restaurant: *Côte d'Or, 37, rue Thurot, Tel. 80 61 06 10, Kategorie 1–2.* Hotels:

Château de la Rochepot über dem gleichnamigen Dorf

Hostellerie St-Vincent, 22 Zi., rue Général de Gaulle, Tel. 80 61 14 91, Kategorie 2; Hostellerie Gentilhommière, 20 Zi., route Meuilley (1,5 km), Tel. 80 61 12 06, Kategorie 2 (I 5)

Pernand-Vergelesses
Das adrette Weindorf in schöner Hanglage nahe Beaune produziert ausgezeichnete Weine, darunter solche der Lage *Corton* und *Charlemagne*. Beim Winzer ist man zur *dégustation* willkommen, bei Vater und Sohn Dubreuil-Fontaine, Rapet oder Thiély. Restaurant: *Le Charlemagne, Tel. 80 21 51 45, Kategorie 3* (H 5)

Pommard
Die Weine von Pommard sind Spitzengewächse, geschätzt von Heinrich IV. bis Ludwig XV. Das Dorf (600 Ew.) mit seinen schönen alten Häusern 3 km südwestlich von Beaune besitzt auch eine eigene Weinbruderschaft, die *Confrérie du Souverain Bailliage*. Weinprobe im *Château de la Commaraine* (mit Gewölbekeller des 12. Jhs.), im *Château de Pommard* oder bei einem der Winzer. (H 5)

La Rochepot
★ Wie der Prototyp eines Märchenschlosses erhebt sich Château de la Rochepot über dem gleichnamigen Dorf südlich von Beaune. Das Schloß wurde von dem Kammerherrn und Ratgeber Karls des Kühnen, Philippe Pot, auf den Resten einer alten Burg erbaut. Allerdings: Das heutige Schloß ist »nur« eine getreue Rekonstruktion des vorigen Jahr-

CÔTE D'OR

hunderts, da es während der Revolution fast völlig zerstört wurde. Man besichtigt u. a. den Saal der Wache, Eßsaal, Küche und die Kapelle, die teilweise noch aus dem 12. Jh. stammt (schönes gotisches Gewölbe). *Führungen tgl. außer Di 9.30–11.30 und 14.30–18.30 Uhr (Juni–Allerheiligen), sonst Anfang April–Ende Mai 10–11.30 und 14–17.30 Uhr, Eintritt 15 FF.* Hotel: *Relais du Château, 16 Zi., Tel. 80 21 71 32, Kategorie 3* (H 5)

Saint-Romain

Das typisch burgundische Weindorf (250 Ew.), 9 km südwestlich von Beaune, liegt teilweise in einem Halbkreis hoher Kalkfelsen. Vom mittelalterlichen Schloß (12. und 13. Jh.) sind malerische Reste erhalten. In der *Mairie* eine kleine Ausstellung mit archäologischen Funden. Hotel-Restaurant: *Hôtel des Roches, 15 Zi., village bas, Tel. 80 21 21 63, Kategorie 3* (I 5)

Santenay

Der Wein- und Thermalort (1000 Ew.) südlich von Beaune erzeugt auf 360 ha den hervorragenden *Santenay (Pinot noir).* Weinprobe im schönen *Château Philipp le Hardi* mit Kellern aus dem 12. Jh. und kleinem Weinmuseum. In der kleinen Kirche St-Jean (13. Jh.) mittelalterliche Heiligenfiguren. Schöner Rundblick vom Mont de Sène (521 m), Anfahrt über Decize-les-Maranges. Hotel: *Le Lion d'Or, 15 Zi., 13, place Jet d'Eau, Tel. 80 20 60 24, Kategorie 2–3* (H 5)

Volnay

Bereits zur Römerzeit wurde hier Wein angebaut, und die Herzöge von Burgund besaßen in Volnay Weinberge. Rund ein Dutzend Winzer laden zu Probe und Kauf ein. Südwestlich von Beaune. Restaurant: *Auberge des Vignes (mit Terrasse im Weinberg), N 74, Tel. 80 22 44 48, Kategorie 3* (H 5)

Vosne Romanée

Das Weindorf (530 Ew.) nördlich von Nuits-St-Georges besitzt weltberühmte Lagen wie zum Beispiel *Romanée-Conti* und *Richebourg.* (I 4)

DIJON

Hauptstadt von Burgund ist Dijon (145 000 Ew.) bereits seit rund 900 Jahren. Für den Besucher unserer Tage sind es aber vor allem die Bauten und Kunstschätze aus der Zeit der Großen Herzöge (1363–1477) und die stimmungsvollen Altstadtquartiere mit ihren prächtigen Bürgerhäusern, die Dijon zu einer wichtigen Station auf der Reise durch Burgund machen. Von besonderer Wirkung ist dabei der Kontrast zwischen der in Jahrhunderten gewachsenen und bewahrten Bausubstanz und der Dynamik des modernen Lebens. Dijon ist ein bedeutendes wirtschaftliches Zentrum, Universitätsstadt, wichtiger Verkehrsknotenpunkt und nicht zuletzt eine Hochburg der Gastronomie. Ein verträumtes mittelalterliches Idyll ist die Stadt also nicht. Der kunstinteressierte Besucher tut gut daran, seine Spaziergänge aufs Wochenende zu legen, wenn sich der Verkehr beruhigt. Dann kann man mit Muße durch die Straßen der Stadt bummeln und die Stationen einer großen Geschichte auf sich wirken lassen. (I 4)

BESICHTIGUNGEN

Cathédrale St-Bénigne
Der dreischiffige gotische Bau (13. Jh.) ist Nachfolger einer romanischen Basilika, von der die Krypta erhalten ist. *Place St-Bénigne*

Chartreuse de Champmol
Nach der Zerstörung während der Revolution wurde an der Stelle der prächtigen *Chartreuse* eine Irrenanstalt errichtet. Von der einstigen Begräbnisstätte der burgundischen Herzöge (die Gräber wurden ins *Musée des Beaux Arts* gebracht) ist aber der großartige Mosesbrunnen *(Puits de Moïse;* 1395–1405) von Claus Sluter im Hof erhalten. Von Sluter stammen auch die Figuren am Portal der ehemaligen Kapelle; das knieende Herzogspaar Philipp der Kühne und Marguerite von Flandern gelten als »die ersten meisterhaften, lebensgroßen Bildnisse der Neuzeit«. *Av. Albert I, Eingang 1, bd. Chanoine-Kir, tgl. 9–18 Uhr, Eintritt frei*

Église Notre-Dame
Der Bau ist ein schönes Beispiel der Gotik in Burgund; beachtenswert der Spitzbogenstil der Vorhalle. Im rechten Seitentürmchen der Fassade hängt die Glocke *Jacquemart,* die Philipp der Kühne 1382 nach dem Sieg über die Flamen aus Flandern mitbrachte. 1610 bekam Jacquemart von den Bürgern eine Gefährtin, denen 1714 bzw. 1881 die »Kinder« *Jacquelinet* und *Jacquelinette* folgten. In der Kapelle rechts vom Chor steht die Schwarze Madonna *Nôtre-Dame-de-Bon-Espoir,* eine der ältesten Holzmadonnen Frankreichs. *Rue de la Préfecture, hinter dem Palais des Ducs*

Église St-Michel
Zählt zu den drei sehenswerten Kirchen von Dijon; begonnen Ende des 15. Jhs., geweiht 1529, ist sie im gotischen Flamboyantstil erbaut. Die Fassade zeigt dagegen Anklänge an die Renaissance; das Tympanon stammt von Nicolas de la Cour. Schon ist das hohe gotische Schiff. *Rue Vaillant/Rue Buffon*

Palais des Ducs de Bourgogne
Von dem alten Herzogspalast des 14. und 15. Jhs. sind nur zwei Türme, der Saal der Wache, Küche und Gewölbesäle des Untergeschosses erhalten. Umbau und Erweiterung im 17. Jh. basieren auf Plänen des Architekten von Versailles, Jules Hardouin-Mansart, der auch die Pläne für die *Place de la Libération* zeichnete. Den rechten Teil des Herzogspalastes nimmt das *Musée des Beaux Arts* mit den Herzogsgräbern ein; im linken Teil ist das Rathaus untergebracht. *Place de la Libération*

Place de la Libération
Der elegante, halbkreisförmige Platz (1686–1701) stammt von Jules Hardouin-Mansart. Er bildet gleichsam den Mittelpunkt von Dijon: der harmonische Halbkreis der Arkaden, denen die monumentale Fassade des Herzogspalastes und der Burgunder Stände, ebenfalls entworfen von Hardouin-Mansart, gegenüberliegt.

Rue des Forges
Diese Straße war vom Mittelalter bis ins 18. Jh. die Hauptstraße von Dijon. Zu den schönsten alten Häusern zählen das gotische *Hôtel Chambellan* (15. Jh.) mit Innenhof, Emporen und Wendel-

CÔTE D'OR

treppe; das *Maison Milsand* mit Renaissancefassade und das *Hôtel Aubriot* (Nr. 40), das im 13. Jh. für einen der ersten Bankiers von Dijon erbaut wurde.

MUSEEN

Musée Archéologique
Das archäologische Museum im ehemaligen Benediktinerkloster von Saint-Bénigne besitzt neben prähistorischen Funden u. a. eine Reihe schöner romanischer und gotischer Figuren sowie ein Exvoto des alten Heiligtums bei der Seine-Quelle. *5, rue du Docteur-Maret, tgl. außer Di 9.30–18 Uhr (Sommer), sonst 9–12 und 14 bis 18 Uhr, Eintritt 8 FF*

Musée des Beaux Arts
★ Größter Schatz des Museums sind die Herzogsgräber in der *Salle des Gardes*. Die prunkvollen Sarkophage mit den Figuren der Herzöge Philipp der Kühne und Johann Ohnefurcht wurden zwischen 1385 und 1410 von Jean de Marville, Claus Sluter und Claus de Werve geschaffen. Unter den Arkadenbögen des Grabmals von Philipp dem Kühnen der ergreifende Trauerzug der *»Pleurants«*, vierzig Mönche und Männer des herzoglichen Gefolges. Ursprünglich standen die Grabmäler in der Kartause von Champmol. Das Grabmal von Johann Ohnefurcht und Marguerite de Bavière stammt von Jean de la Huerta und Antoine Le Moiture (1443–1470). Beachtenswert auch die beiden herrlichen Schnitzaltäre, Auftragsarbeiten von Philipp dem Kühnen, die ebenfalls aus der Kartause von Champmol stammen. – In den anderen Sälen des Museums bedeutende Gemäldesammlungen flämischer, niederländischer, französischer, italienischer und

Die Place Rude ist nach dem Bildhauer François Rude benannt

deutscher Meister vom 14. bis 19. Jh. *Palais des Ducs, place de la Sainte-Chapelle, tgl. außer Di 10 bis 18 Uhr, Eintritt 10 FF*

Musée Magnin
In einem schönen Bürgerhaus des 17. Jhs. sind ausgezeichnete Gemäldesammlungen mit flämischer, italienischer und französischer Malerei des 16. bis 19. Jhs. untergebracht. Die Wohnkultur des 19.Jhs. spiegeln komplett möblierte Räume wider. *4, rue des Bons-Enfants, tgl. 10–18 Uhr (Sommer), sonst 10–12 und 14–18 Uhr, Eintritt 10 FF*

Musée de la Vie bourguignonne
Die interessanten Sammlungen des in einem alten Kloster untergebrachten Museums sind der burgundischen Kulturgeschichte gewidmet (Möbel, Hausrat, Trachten u. a.). *17, rue Sainte-Anne, tgl. 9–12 und 14–18 Uhr, Eintritt 8 FF*

RESTAURANTS

Jean-Pierre Billoux
★ Dieses Haus ist eine der Top-Feinschmeckeradressen von Burgund. Bei Jean-Pierre Billoux wird jedes Gericht zum Erlebnis. *14, place Darcy, Tel. 80 30 11 00, So abends u. Mo sowie 4.–19. Aug. geschl., Kategorie L-1*

Le Bouchon du Palais
Bürgerliche Küche in altem Haus nahe der place de la Libération. *4, rue Bouhier, Tel. 80 30 19 98, Kategorie 3*

Ma Bourgogne
Traditionell burgundische Gerichte, bei schönem Wetter wird im Freien serviert. *1, bd. Paul Doumer, Tel. 80 65 48 06, geschl. So abends und Mo sowie 1. Augustwoche, Kategorie 3*

Le Toison d'Or
Außer gutem Essen wird das Ambiente eines herrschaftlichen alten Bürgerhauses samt Weinkeller-Museum geboten. *18, rue Sainte-Anne, Tel. 80 30 73 52, Kategorie 2*

EINKAUFEN

Burgundische Spezialitäten, von Apéritifs über Gewürzbrot, Liköre und Weine bis Honig aus dem Morvan und vieles mehr, findet man in den gutsortierten Geschäften von *Mulot et Petitjean, 13, place Bossuet, 1, place Notre Dame* und *16, rue Liberté.*

Weinprobe und Weinkauf sowie auch burgundische Spezialitäten bieten *Caves de l'Espace Grevin, 13 B, av. Albert 1er, Tel. 80 42 03 03*

HOTELS

Central Ibis
Komfortables Haus in zentraler Lage, mit Grillrestaurant. 90 Zi. *3, place Grangier, Tel. 80 30 44 00, Kategorie 2*

Chapeau Rouge
Dieses Hotel zählt zu den erstklassigen Häusern, ein hervorragendes Restaurant gehört ebenfalls dazu. 30 Zi. *5, rue Michelet, Tel. 80 30 28 10, Kategorie 1–2*

Le Jacquemart
Zentral in malerischer Altstadtstraße gelegen, anheimelnde Atmosphäre, kein Restaurant. 32 Zi. *32, rue Verrerie, Tel. 80 73 39 74, Kategorie 2–3*

CÔTE D'OR

Lamartine
Kleines, einfaches aber gemütliches Hotel im Zentrum. 15 Zi., *12, rue Mercier, Tel. 80 30 37 47, Kategorie 3*

AUSKUNFT

Office de Tourisme
Pavillon du Tourisme, place Darcy, Tel. 80 43 42 12

ZIELE IN DER UMGEBUNG

Alise Sainte-Reine
Das Städtchen (700 Ew.) liegt am Hang des 407 m hohen Mont Auxois. Auf dem Berg verschanzte sich 52 v. Chr. der Gallierfürst Vercingetorix, belagert von Cäsar. Mit der Niederlage der Gallier und der Gefangennahme von Vercingetorix wurde Gallien endgültig römische Provinz. Auf dem Berg erhebt sich die Monumentalstatue des Gallierfürsten von 1865. Ausgrabungen erbrachten den Beweis der Schlacht und legten Reste des gallo-romanischen Städtchens Alesia mit Forum, Theater und Handwerkerviertel frei. Im heutigen Ort liegt die Fontaine-Sainte-Reine, benannt nach einer christlichen Gallierin, die sich weigerte, Gemahlin des römischen Gouverneurs Olibrius zu werden und darauf enthauptet wurde. Ausgrabungen: *tgl. 9–19 Uhr (Sommer), Nov.–März geschl., Eintritt 15 FF; 75 km nordwestlich von Dijon* (G–H3)

Auxonne
Die kleine Stadt (7800 Ew.) in der Saône-Ebene südöstlich von Dijon erinnert mit einem Musée Bonaparte an den Aufenthalt des jungen Napoléon, der hier von 1788 bis 1791 als Leutnant in Garnison lag. *Tgl. Anfang Mai bis Mitte Okt. 15–17.30 Uhr* (K 4)

Bourbilly, Château de
Sehenswertes Schloß in schönem Park, 9 km südwestlich von Semur-en-Auxois, das die Erinnerung an Madame de Sévigné bewahrt; in ihrer Jugend weilte hier oft die berühmte Briefschreiberin und aristokratische Klatschbase. Bei der Innenbesichtigung des in

---

Vergeistigter Liebesschmerz

»Sie hat kleine schwarze und glänzende Augen, einen angenehmen Mund, eine etwas aufgeschürzte Nase, schöne und reine Züge. Die Luft, die sie ausatmet, ist reiner als jene, die sie einzieht«, preist Graf Bussy-Rabutin seine Geliebte, Madame de Montglas. Aber ach, als Ludwig XIV. ihn wegen seiner entlarvenden »Amourösen Geschichte Galliens« vom Hof verbannt, läßt ihn auch die Geliebte im Stich. Bussy-Rabutin rächt sich mit Witz und Geist: An die Wände seiner Gemächer läßt er die untreue Geliebte malen und setzt Verse dazu. Da werden Madame und der Wind auf einer Waage gewogen: Frauenliebe ist unbeständig, der Windhauch wiegt schwerer. Auch in einer Mondsichel erscheint ihr Gesicht. Der Verlassene setzt den Spruch darunter: Sie ist wechselhaft wie Luna. – Das Schloß Bussy-Rabutin kann besichtigt werden.

Châteauneuf-en-Auxois

der Romantik geschmackvoll restaurierten Schlosses werden die *Salle des Gardes* in der ehemaligen Krypta der Schloßkapelle, Bibliothek, Speisesaal und der schön möblierte *Grand Salon* gezeigt. *19. April–1. Nov. tgl. 10–12 und 15–18 Uhr, Eintritt 15 FF* (G 3)

Bussy-Rabutin, Château de
★ Graf Roger de Rabutin (1618–1693) wurde durch die »Amouröse Geschichte Galliens« berühmt, in der er die Sitten am Hof des Sonnenkönigs schilderte. Die Veröffentlichung der Aufzeichnungen brachte ihm lebenslange Verbannung vom Hof ein. Das Exil verbrachte Bussy-Rabutin in seinem burgundischen Schloß. Eigenwillig ist die Innenausstattung: »Saal der Devisen« mit allegorischen Bildern, Galerie der »schönsten Frauen seiner Zeit«, Ansichten von Schlössern und Porträts berühmter Feldherren. Die Gartenanlage wird André Le Nôtre zugeschrieben. Führungen: *Mai–Ende Sept. tgl. 10 und 11 Uhr, 14–18 Uhr jede volle Stunde Okt.–April 10, 11, 14 und 15 Uhr, außer Di und Mi, Eintritt 16 FF, 3 km nördl. von Alise-Sainte-Reine* (H 2)

Châteauneuf-en-Auxois
★ Das malerische Dorf mit einem wehrhaften Schloß aus dem 15. Jh. liegt prächtig auf der Höhe über dem Canal de Bourgogne westlich von Dijon. Im Dorf zahlreiche stattliche Häuser aus dem 14.–17. Jh., die von reichen Kaufleuten aus Dijon erbaut wurden.
Schloßführungen: *Mai–Sept. stdl. 9.30–11.30 und 14–17 Uhr, Okt.–April 10, 11, 14 und 15 Uhr. Di und Mi geschl.* Hotel: *Hostellerie du Château, 16 Zi., Tel. 80 49 22 00, Kategorie 2–3* (H 4)

Châtillon-sur-Seine
Das hübsche Städtchen (7900 Ew.) am Oberlauf der Seine, 85 km nordwestlich von Dijon, besitzt mit dem »Schatz von Vix« eine besondere Kostbarkeit. Es handelt sich um eine 1,64 m hohe und 208 kg schwere Bronzevase, die man 1953 bei Vix, nahe Châtillon, in einem keltischen Grab aus dem 6. Jh. v. Chr. fand. Die reich mit Figurenfries und Henkeln in Form mächtiger Gorgonenhäupter geschmückte Vase ist eine griechische Arbeit. *Musée* und *Trésor de Vix: Anf. April bis Mitte Nov. tgl. 9–12 und 14–18*

CÔTE D'OR

Uhr, sonst 10–12 und 14–17 Uhr. Hotels: *Hôtel de la Côte d'Or, 12 Zi., Tel. 80 91 13 29, Kategorie 2; Hôtel du Chevval Rouge, 17 Zi., Tel. 80 81 53 70, Kategorie 3* (H 1)

Commarin
Schönes Schloß in einem kleinen Dorf südwestlich von Dijon. Im linken Flügel sind altes Mobiliar und schöne Wandteppiche aus dem 16. Jh. erhalten. In der Kapelle eine Madonna aus dem 15. Jh. Führungen: *April–Okt. tgl. 10–12 und 14–18 Uhr, Di geschl., Eintritt 30 FF* (H 4)

Epoisses, Château d'
In merowingischer Zeit königliche Residenz, wurde das Schloß später zur Fluchtburg umgebaut. Die heutige hufeisenförmige Anlage stammt aus dem 14., 16. und 17. Jh. Die Familie de Guitaut, Besitzer des Schlosses seit dem 17. Jh., hat zahlreiche Erinnerungen an berühmte Persönlichkeiten bewahrt, die auf ihrem Schloß weilten. In der *Chambre du Roi* nächtigte einst Heinrich IV. und in der *Chambre de Madame de Sévigné* war die berühmte Briefschreiberin oft zu Gast. Im Vestibül sind in die Holztäfelung eingelassene Porträts aus der Renaissance zu sehen. Schönes Louis XIV-Mobiliar im *Grand Salon*. Im *Salon des tableaux* sieht man Porträts von namhaften Persönlichkeiten des 17. und 18. Jhs. *1. April–1. Nov. tgl. außer Di 9–12 und 15–18 Uhr, Eintritt 25 FF* (G 3)

Flavigny-sur-Ozerain
Der im Mittelalter bedeutende, heute wie ausgestorbene Ort (430 Ew.) liegt erhöht auf einem Felsen. Erhalten sind Reste der Stadtmauer, Wehrtore und alte Bürgerhäuser. Im 8. Jh. gründeten die Benediktiner ein Kloster; im 18. Jh. wurden einige Klostergebäude rekonstruiert. Erhalten ist die *Crypte Sainte-Reine* von 758, eine zweigeschossige Krypta der ehemaligen karolingischen Basilika Saint-Pierre. Führungen: *tgl. 8.15–11.15 Uhr und 13.30–17.15 Uhr, So 10–12 und 14–18 Uhr, Eintritt 7 FF* (H 3)

Fontenay, Abbaye de
★ Eine der größten burgundischen Sehenswürdigkeiten ist das 1118 von Bernhard von Clairvaux gegründete Zisterzienserkloster, rund 85 km nordwestlich von Dijon in einem idyllischen Tal. Fontenay überstand im Gegensatz zu anderen Klöstern die Zerstörungen während der Französischen Revolution fast unbeschadet, da man es in eine Papierfabrik umwandelte. 1906 wurde sie verkauft und von den neuen Besitzern abgerissen. In einer großen Restaurierung wurde das Kloster in seinen ursprünglichen Zustand zurückverwandelt. Die Anlage beeindruckt durch ihre Geschlossenheit; man hat Fontenay als »Protest gegen die Verweltlichung« und als »totale Architektur« bezeichnet. Die 1139–1147 erbaute schlichte Pfeilerbasilika besitzt keinen Turm. Der herrliche Kreuzgang ist ebenfalls original erhalten. Führungen: *tgl. von 9–12 und 14.30–18.30 Uhr, Eintritt 30 FF* (G 2)

Montbard
In Montbard (8000 Ew.) nahe Fontenay wurde 1707 Georges-Louis Leclerc de Buffon geboren, der berühmte Verfasser einer »Allgemeinen und speziellen Naturgeschichte« in vierzig Bän-

den. Im *Parc Buffon (tgl. Führungen März–Okt.)* und am nordwestlichen Stadtrand erinnern Sammlungen in der *Tour St-Louis* und ein Pavillon, das *Cabinet de travail de Buffon,* an den Naturwissenschaftler. 7 km nordwestlich betrieb Buffon ein berühmtes Schmiedewerk, die *Forges de Buffon, tgl. außer Di Juni–Sept. 10–12 und 14.30–18 Uhr.* – Hotel in Fain-lès-Montbard, 6 km auf der N 905: *Château de Malaisy, 22 Zi., Tel. 80 89 46 54, Kategorie 1–2* (G 2)

Pouilly-en-Auxois

Unter dem Städtchen (1500 Ew.) westlich von Dijon wurde für den *Canal de Bourgogne* ein 3333 m langer Tunnel gebaut, durch den die Lastkähne mit einer Kette gezogen wurden. Schöne Kirche *Notre-Dame Trouvée* aus dem 13. Jh. Der Name bezieht sich auf die sehr alte Statue der Muttergottes, die 1981 gestohlen und auf wundersame Weise wiedergefunden wurde. 5 km nördlich liegt das befestigte *Château d'Éguilly* mit Bauteilen aus dem 13. Jh. wie Türme und Tor. Im Innern finden Sommerausstellungen statt. *1. März–31. Okt. tgl. 10–12 und 14–19 Uhr, Eintritt frei.* Hotel: *Hotel de la Poste, place de la Libération, 7 Zi., Tel. 80 90 86 44, Kategorie 3* (H 4)

Saint-Seine-l'Abbaye

Von einer Benediktinerabtei des 6. Jhs. ist die Kirche aus dem 13. Jh. erhalten. Der Stil vereint burgundische Romanik mit der Gotik der Ile-de-France. Nordwestlich von Dijon. (H–I 3)

Saint-Thibault

Malerische Ruine mit Bauresten aus dem 13. Jh. westlich von Dijon an der D 70 bei Vitteaux. Erhalten ist der Chor, der im Vergleich als außergewöhnlich schön gilt. Das Hauptschiff, im 18. Jh.

Ehemaliges Zisterzienserkloster Fontenay

CÔTE D'OR

errichtet, schützt die wertvolle Inneneinrichtung: einen Schnitzaltar, Holzskulpturen des 14. Jhs., eine Muttergottes u. a. (G–H 3)

Saulieu

★ ☯ Die lebhafte und hübsche Stadt (3200 Ew.) am Ostrand des Naturschutzgebietes Morvan ist bekannt für ihre Märkte und die Schlemmeradresse *Côte d'Or*, wo Bernard Loiseau kocht. Einer der bedeutenden romanischen Bauten von Burgund ist die Basilika *Saint-Andoche* (Anfang 12. Jh.), die allerdings im Laufe der Jahrhunderte verschiedentlich stark beschädigt wurde (z. B. 1760 durch Blitzschlag). Im Innern ist der romanische Stil daher besser erhalten. Besonders schön sind die historischen Szenen der Kapitelle; kunstvoll geschnitztes Gestühl aus dem 14. Jh. Bei der Basilika liegt das kleine *Musée François Pompou* mit gallo-romanischen Stelen sowie Sammlungen zu alten Handwerksberufen in Burgund; *tgl. außer Di u. So nachmittags 10–12 und 15–18 Uhr.* – Restaurant und Hotels: *Côte d'Or, 16 Zi., 2, rue Argentine, Tel. 80 64 07 66, Kategorie 1; Hotel de la Poste, 48 Zi., 1, rue Grillot, Tel. 80 64 05 67, Kategorie 2–3* (G 4)

Semur-en-Auxois

★ Die bildschön gelegene Hauptstadt (5300 Ew.) des Auxois ist ein besonders angenehmes Standquartier im Nordwesten von Burgund. Sie hat sich den Charakter eines befestigten mittelalterlichen Städtchens bewahrt. Neben Teilen der Stadtmauer sind große Befestigungstürme erhalten. Die stattliche Kirche Notre-Dame im gotischen Stil wurde im 11. Jh. gegründet und im 13. und 14. Jh. wieder aufgebaut. In der *Tour de l'Orle d'Or*, Teil der alten Stadtbefestigung, ist ein kleines Museum mit kultur- und naturgeschichtlichen Objekten untergebracht. ↯ Vom Turm hat man Ausblick auf die Stadt. *Führungen im Sommer tgl. 10–12 und 15–18 Uhr.* ↯ Auf der alten Stadtmauer ist eine von Linden beschattete Promenade angelegt; der Zugang liegt bei dem im ehemaligen Gouverneurspalast untergebrachten Krankenhaus. Restaurant: *Gourmets, rue Varenne, Tel. 80 97 09 41, Kategorie 2–3;* Hotels: *Hostellerie d'Aussois, 43 Zi., route Saulieu, Tel. 80 97 28 28, Kategorie 2; Côte d'Or, 14 Zi., 3, place Gaveau, Tel. 80 97 03 13, Kategorie 2–3* (G 3)

Source de la Seine

Die Quelle der Seine liegt nordwestlich von Dijon nahe der N 71 nach Châtillon-sur-Seine in einem versteckten Tal. Sie entspringt in einer Grotte mit der Statue der Göttin Sequana. In römischer Zeit stand nahe der Quelle ein Heiligtum der Göttin. Die Opfergaben, rund 200 Einzelstücke, werden im Archäologischen Museum von Dijon aufbewahrt. (H 3)

Talmay

Das schöne Schloß im Stil des Klassizismus, rund 20 km östlich von Dijon, besitzt eine prächtige Innenausstattung: Renaissancesäle mit Kassettendecken, Mobiliar aus allen Epochen seit dem Sonnenkönig, eine große Bibliothek und schöne Kamine. ↯ Vom Turm (13. Jh.) hat man eine weite Aussicht. Führungen: *Juli und Aug. 15–17 Uhr außer Mo, Eintritt 20 FF* (K 4)

YONNE

Krönung auf dem Berg

Seit dem Mittelalter ist Vézelay mit seiner Basilika Sainte-Madeleine ein großes Pilger- und Reiseziel

Das Departement Yonne schließt sich nordwestlich an die Côte d'Or an. Die größten Städte sind Sens und Auxerre, aber der wichtigste Ort ist der heilige Berg Vézelay, auf dem die Basilika *Sainte-Madeleine* mit ihren wundervollen romanischen Kunstwerken steht. Eine Burgundreise ohne den Besuch von Vézelay ist unvorstellbar. Allerdings muß man wissen, daß der Andrang in der Hauptreisezeit sehr groß ist. Das Gebiet um Vézelay und dem nahen Avallon ist eine weiträumige Hügellandschaft, die nach Norden in die Weinregion Chablis übergeht. Die nahen Städte Auxerre, Tonnerre und Avallon sind ebenso lohnende Ziele wie die Schlösser Tanlay und Ancy-la-Franc. Daß auch die weit nordwestlich gelegene Stadt Sens mit ihrer bedeutenden Kathedrale und das Dorf Pontigny mit seiner guterhaltenen Abtei noch zu Burgund gehören, ist ein Plus, das die etwas weitere Anreise rechtfertigt.

*Sainte-Madeleine:
im 12. Jahrhundert Wallfahrtsziel
des christlichen Abendlandes*

AUXERRE

Die Hauptstadt (40 000 Ew.) von Niederburgund bietet mit der Häuserfront am Ufer der breiten Yonne, überragt von der mächtigen Kathedrale *Saint-Étienne*, einen schönen Anblick. Neben dieser hochkarätigen Sehenswürdigkeit nimmt Auxerre – *Osserre* ausgesprochen – den Besucher durch seine guterhaltenen mittelalterlichen Häuser und ❂ die lebhafte Atmosphäre einer Provinzhauptstadt ein. Von hier aus bieten sich Ausflüge an: ins Weinbaugebiet Chablis, in die Landschaft Senonais mit der Kathedralenstadt Sens, zu den Schlössern und Städtchen am nördlichen Abschnitt des Canal de Bourgogne oder ins ländlich-stille Puisaye, die Hügellandschaft westlich von Auxerre. (C 3)

BESICHTIGUNGEN

Kathedrale Saint-Étienne
Mit dem Bau wurde 1215 an der Stelle einer bereits um 400 gegründeten Kirche begonnen. Durch die Jahrhunderte wurde weitergebaut, bis die Kathedrale 1560 vollendet war. Über dem

Auxerre mit der Abteikirche Saint-Germain

Hauptportal sieht man das Jüngste Gericht mit Christus im Zentrum. Das rechte Portal zeigt Szenen aus dem Leben Jesu und Johannes des Täufers, das linke Darstellungen des Marienlebens. Im Innern ist vor allem der hohe gotische Chor von 1215 beeindruckend, die herrlichen Glasfenster bilden nach denen von Chartres und Bourges den größten Zyklus jener Epoche. Vom romanischen Vorgänger der Kathedrale ist die schöne Krypta mit Fresken (um 1100) erhalten. *Place St-Étienne*

Église Saint-Germain

Nördlich der Kathedrale steht die im 6. Jh. gegründete benediktinische Abteikirche. Der dominierende Bau ist gotisch (13.–15. Jh.), darunter liegt die am Uferhang erbaute dreischiffige »Unterkirche«, Teil eines Komplexes von Krypten, die im Laufe der Jahrhunderte übereinander errichtet wurden. Der bedeutendste Schatz der Kirche sind die Fresken in den Krypten; sie stammen aus dem 9. Jh. und zählen zu den ältesten in Frankreich. Angeschlossen an die Kirche sind verschiedene Museen sowie Säle mit modern präsentierten Funden der gallo-romanischen Epoche und der Vorgeschichte. *Place St-Germain, tgl. 9–12.30 und 13.30–18.30 Uhr*

Tour de l'Horloge

Im Zentrum der Altstadt steht über einer belebten Straße der Torturm aus dem 15. Jh., früher Teil der Stadtbefestigung. Die Turmuhr (17. Jh.) zeigt auf dem astronomischen Zifferblatt die Bewegung von Sonne und Mond. *Rue de l' Horloge*

MUSEEN

Musée Archéologique

In den Klostergebäuden neben der Abteikirche Saint-Germain sind prähistorische und gallo-ro-

YONNE

manische Sammlungen zu sehen. *Tgl. 9–12.30 und 14–18.30 Uhr, Eintritt 12 FF*

Musée des Beaux Arts
Das neueingerichtete Museum in einem Flügel der Klostergebäude von Saint-Germain enthält Gemälde- und Skulpturensammlungen vom 15.–20. Jh. *Tgl. 9–12.30 und 14–18.30 Uhr, Eintritt 12 FF*

RESTAURANTS

Jean-Luc Barnabet
Hier wird meisterlich gekocht. Elegantes Einsterne-Restaurant in schöner Lage am Ufer der Yonne, mit Garten. *14, quai de la République, Tel. 86 51 68 88, Kategorie 2*

Le Jardin Gourmand
Gemütliches Restaurant mit Garten am Rande der Altstadt. *45 bis, bd. Vauban, Tel. 86 46 95 70, Kategorie 2–3*

Le Quai
Einfaches Restaurant mit bürgerlicher Küche; günstige Lage bei der Kirche Saint-Germain. *4, place Saint-Nicolas, Tel.. 86 51 66 67, Kategorie 3*

Salamandre
Spezialität sind Meeresfrüchte; in der Altstadt, westlich der Kathedrale gelegen. *84, rue de Paris, Tel. 86 52 87 87, Kategorie 2–3*

EINKAUFEN

Die mittelalterlichen Straßen rings um die *Tour de l'Horloge* sind Fußgängerzone. Hier liegen zahlreiche Spezialgeschäfte. ❂ Auf den Plätzen finden Di, Fr und Sa Wochenmärkte statt.

HOTELS

Le Maxime
Günstig bei der Kathedrale am Yonne-Ufer gelegenes, sehr

MARCO POLO TIPS FÜR YONNE

1 Château Ancy-le-Franc
Den großen Schlössern der Ile-de-France ebenbürtig (Seite 52)

2 Druyes-les-Belles-Fontaines
Ferienort mit Quellen, Burgruine und romanischer Kirche (Seite 52)

3 Saint-Fargeau
Im Hauptort der Puisaye steht ein tolles Schloß (Seite 54)

4 Avallon
Alte Hügelstadt mit viel Charme (Seite 55)

5 Moulin des Templiers
In der Mühle der Templer ist man ausgezeichnet untergebracht (Seite 57)

6 Lac des Settons
Erfrischendes Bad im Waldsee des Morvan (Seite 57)

7 Vallée du Cousin
Talidyll für Romantiker (Seite 58)

8 Sainte-Madeleine in Vézelay
Höhepunkt der romanischen Kunst auf dem Berg (Seite 59)

komfortables Hotel. 25 Zi., *2, quai de la Marine, Tel. 86 52 14 19, Kategorie 1–2*

Normandie
Moderner Komfort; mit Sauna und Gymnastikraum. Garten. 47 Zi., *41, bd. Vauban, Tel. 86 51 54 33, Kategorie 2*

Saint-Martin
Einfaches Touristenhotel, *geschl. So und 1.–31. Aug.,* 10 Zi., *9, rue Germain-Bénand, Tel. 86 52 04 16, Kategorie 3*

Seignelay
Das komfortable Hotel (Logis de France) mit Restaurant liegt ruhig in der Altstadt. Mit Garten und Garage. 21 Zi., *2, rue du Pont, Tel. 86 52 03 48, Kategorie 2–3*

AUSKUNFT

Office du Tourisme
1–2, quai de la République, Tel. 86 52 06 19

ZIELE IN DER UMGEBUNG

Ancy-le-Franc, Château
★ In Umfang und Ausstattung ist das Schloß den großen Schlössern der Ile-de-France ebenbürtig. 1546 nach einem Entwurf von Sebastiano Serlio für Antoine III de Clermont erbaut, ist Ancy-le-Franc eines der wenigen burgundischen Schlösser im Renaissancestil. Für die Innenausstattung waren Francesco Primaticcio und Niccolò dell' Abbate verantwortlich. Entsprechend prachtvoll sind die Säle und Gemächer ausgeschmückt und möbliert. Dem Schloß ist ein *Musée de l'automobile et de l'attelage* mit seltenen Oldtimern und Pferdegeschirren angegliedert. *Ende März–Anf. Nov. tgl. Führungen 10, 11 und 14–18 Uhr, Eintritt 30 FF* (E3)

Arcy-sur-Cure
Die sehenswerten Grotten bei dem kleinen Ort südöstlich von Auxerre sind auf einer Länge von 900 m begehbar. *Führungen März–Nov. tgl. 9–12 und 14–18 Uhr.* – 800 m von den Grotten entfernt liegt auf einem Felsen über dem Fluß Cure das kleine Renaissanceschloß *Château de Chastenay* (14.–18. Jh.). *Juli und Aug. tgl. 10.30–12 und 14.30–18 Uhr, So vormittags geschl.* (D 4)

Chablis
Die kleine Stadt (2400 Ew.) ist das Zentrum des Weinbaus in Niederburgund. In 20 Gemeinden wird auf rund 1400 ha von mehr als 700 Winzern der renommierte, trockene Weißwein Chablis erzeugt. Die besten Lagen gruppieren sich um den Ort Chablis, vor allem die Hänge des rechten Ufers der Serein liefern die *Chablis-Grands-Crus*. Hotel und Restaurant: *Hostellerie des Clos, 26 Zi., 18, rue Jules-Rathier, Tel. 86 42 10 63, Kategorie 2 (Hotel), Kategorie 1–2 (Restaurant)* (D 3)

Druyes-les-Belles-Fontaines
★ Imposante Burgruine (12. Jh.) auf einem Hügel bei dem Ort (300 Ew.), einst Sitz der Grafen von Auxerre und Nevers. In dem als Sommerfrische besuchten Ort steht eine schöne romanische Kirche; bei der Kirche entspringen mehrere Quellen. *Château: 1. Juli–Mitte Sept. Führungen Sa, So u. Feiertage 15–18 Uhr, tgl. Besichtigung nach Anmeldung Tel. 86 41 57 86.* Hotel-Restaurant: *Auberge des*

YONNE

Sources, 17 Zi., place Jean-Bertin, Tel. 86 41 55 14, Kategorie 3 (C4)

Escolives-Sainte-Camille
Die schöne romanische Kirche des Dorfes besitzt einen Vorraum mit Arkadengewölbe und einen mit Ziegeln verkleideten Turm. Am Nordrand des Dorfes wurden gallo-romanische Thermen und ein Friedhof der Merowingerzeit ausgegraben. (D2)

Irancy
Winzerdorf (350 Ew.) südöstlich von Auxerre mit alten Höfen, dessen Rot- und Weißwein als der beste der Weinregion Auxerrois gilt. (D2)

Joigny
Die anheimelnde kleine Stadt (10 500 Ew.) an der Yonne nördlich von Auxerre hat neben alten Fachwerkhäusern drei interessante Kirchen – *Saint Thibault* (Ende 15. Jh.), *Saint-Jean* (15. Jh.) und *Saint-André* (16. und 17. Jh.). Hotel-Restaurant: *A la Côte Saint-Jacques, 14, faubourg de Paris, 29 Zi., Tel. 86 62 09 70, Kategorie 1; Le Paris-Nice Rond-Point de la Résistance, 11 Zi., Tel. 86 62 06 72, Kategorie 3* (C2)

Chablis, weltbekannt durch seinen Wein

Ligny-le-Châtel
Nordöstlich nahe Pontigny gelegener Ort. 4,5 km östlich lohnt die schöne Kirche aus dem 12. Jh. einen Besuch. Hotel-Restaurant: *Relais Saint-Vincent, 14, Grand Rue, 10 Zi., Tel. 86 47 53 38, Kategorie 2–3* (D 2)

Noyers
Die malerische kleine Stadt (850 Ew.) im südlichen Weinbaugebiet von Chablis, südöstlich von Auxerre, besitzt noch alte Mauern mit 16 Rundtürmen. In den mittelalterlichen Gassen Fachwerkhäuser und Zugänge zu den Weinkellern. Die große *Église Notre-Dame* (Ende 15. Jh.) hat eine Renaissance-Fassade (E 3)

Pontigny
Die berühmte Zisterzienserabtei von Pontigny (800 Ew.) wurde 1114 als zweite »Tochter von Cîteaux« gegründet und beherbergt seit 1968 eine Berufsausbildungsstätte. Daher kann nur die große Abteikirche besichtigt werden. Sie wurde in der zweiten Hälfte des 12. Jhs., also in der Übergangszeit von der Romanik zur Gotik erbaut. Das Hauptschiff mit Spitzbogen gilt als ältestes zisterziensisches Kirchenschiff in Frankreich. Außer prächtigem Gestühl aus dem 17. Jh. ist vor allem der Chor (13. Jh.) beachtenswert. Von den ursprünglichen Klostergebäuden ist nur ein Flügel erhalten. *Tgl. 9–19 Uhr* (D 2)

Ratilly, Château
Mit seinen hohen Mauern und den mächtigen runden Türmen bietet Ratilly den Anblick eines Märchenschlosses. Die ältesten Teile stammen aus dem 13. Jh. Der Donjon stammt aus dem 17. Jh. Im Schloß ist eine Sandsteinwerkstatt mit Ausstellung zu besichtigen. *April–Okt. tgl. 10–12 und 15–18 Uhr, Eintritt 15 FF* (B 2)

Saint-Bris-le-Vineux
Die gotische Kirche des hübschen Dorfes (950 Ew.) wirkt wie eine Kathedrale. Im Innern Glasfenster der Renaissance und ein Riesenfresko vom Stammbaum Jesu (um 1500), rechts vom Chor. (D 3)

Saint-Fargeau
★ Der Hauptort (1700 Ew.) der Landschaft Puisaye westlich von Auxerre lohnt vor allem wegen seines schönen Schlosses einen Besuch. An der mächtigen Fünfeckanlage wurde überwiegend in der Renaissance gebaut; das Schloß nimmt den Platz einer Burg aus dem 10./11. Jh. ein. Der Innenhof sowie das Innere wurden von dem Architekten François Le Vau im Auftrage der Kusine Ludwigs XIV., Anne-Marie-Louise d'Orléans – oder *Grande Mademoiselle* genannt – gestaltet, die ab 1652 mehrere Jahre in dem Schloß lebte. *März–Nov. tgl. 10–12 und 14–18 Uhr, Juli und Aug. 10–19 Uhr, Eintritt 25 FF* (B 3)

Sens
Die alte Bischofsstadt (27 000 Ew.) liegt näher bei Paris als bei Dijon – und knapp 60 km von Auxerre entfernt – in der äußersten nordwestlichen Ecke von Burgund. Die große Sehenswürdigkeit ist die Kathedrale *Saint-Étienne* begonnen 1130, die als erste große gotische Kathedrale Frankreichs gilt. Berühmt ist auch der Kirchenschatz. Neben der Kathedrale liegt der gro-

YONNE

ße *Palais Synodal.* Hotel-Restaurant: *Hôtel de Paris et de la Poste, 30 Zi., 97, rue de la République, Tel. 86 65 17 43, Kategorie 1–2* (C 1)

Tanlay, Château de

Das herrliche Renaissanceschloß nahe Tonnerre wurde ab 1550 von François de Coligny d'Andelot erbaut. In den Religionskriegen diente es den Hugenottenführern als geheimer Treffpunkt. 1642 erwarb Michel Particelli, Surintendant des Finances, das Schloß und ließ es prächtig ausbauen. Schön möblierte Räume. *April–Nov. tgl. Führungen, Di geschl., Eintritt 30 FF* (E 3)

Tonnerre

Das hübsche Städtchen (6200 Ew.) liegt im Tal des Armançon. Das sehenswerte mittelalterliche Armenspital, *Ancien Hôpital* (1293–95), ist eines der größten seiner Art in Frankreich. Der große Krankensaal, mit prächtigem Dachgestühl, dient seit 1650 als Pfarrkirche; er wurde im 18. Jh. von 100 m auf 80 m verkürzt. In der angrenzenden Seitenkapelle eine eindrucksvolle Grablegung Christi (15. Jh.). Am Hang nahe der Kirche Saint-Pierre liegt die schöne *Fosse Dionne,* ein kreisrund eingefaßter artesischer Brunnen, der als Waschplatz diente. Hotel-Restaurant: *Hôtel de la Fosse Dionne, 12 Zi., 37, rue de l'Hôtel de Ville, Tel. 86 55 11 92, Kategorie 2–3.* Restaurant: *Le Saint-Père, 2, rue Georges-Pompidou, Tel. 86 55 12 84, Kategorie 3* (E 2)

AVALLON

★ Die herrlich gelegene Hügelstadt (9000 Ew.) im Herzen von Burgund mit ihrer stimmungsvollen Altstadt ist als ruhiger Stützpunkt für Ausflüge in die Umgebung, vor allem nach Vézelay und in den *Parc du Morvan,* zu empfehlen. Auch bei einem kurzen Besuch hat die Stadt einiges Interessantes zu bieten: alte Bürgerhäuser, Bastionen und Wachtürme erinnern daran, daß

Prächtiges Waschhaus »Fosse Dionne« in Tonnerre

Avallon im Mittelalter einer der strategischen »Schlüssel« von Burgund war (D 4)

BESICHTIGUNGEN

Église Saint-Lazare
Die in der Altstadt gelegene Kirche aus dem 12. Jh. besitzt zwei interessante romanische Portale; der Figurenschmuck des größeren Portals birgt Motive aus der Apokalypse, Engel und Tierkreiszeichen, das kleinere Portal zieren Pflanzenmotive. Das Innere zeigt eine Besonderheit: Der Chor liegt 3 m tiefer als der Eingang. Da die alte Kirche zu klein wurde, verlegte man bald nach der Einweihung die Fassade und gewann so 20 m dazu. Im südlichen Seitenschiff eine Figurengruppe mit der Muttergottes und der heiligen Anna (15. Jh.). *Rue Bocquillot*

Stadtmauer
Ältester Teil der Stadtbefestigung ist der *Beurdelaine*-Turm, 1404 von Herzog Johann Ohnefurcht erbaut, 1590 verstärkt. Beim Spaziergang auf der Stadtmauer bieten sich schöne Ausblicke.

Tour d'Horloge
Der Uhrturm aus dem 15. Jh. steht mitten in der Altstadt nahe der Kirche Saint-Lazare über der *Grande Rue Aristide Briand*. Dank der bevorzugten Aussichtslage diente er im Mittelalter als Wachtturm.

MUSEEN

Musée de l'Avallonais
Das Stadtmuseum in der Altstadt besitzt neben archäologischen Funden aus der Umgebung Sammlungen über die gallo-romanische Epoche und die Merowingerzeit sowie eine kleine Gemäldesammlung. *Place de la Collégiale, Ostern–Ende Sept. tgl. 10–12 und 14–19 Uhr, Di geschl., Eintritt 10 FF*

Musée du Costume
Hübsche Sammlung alter Trachten und Kleider in einem Bürgerhaus des 17./18. Jhs. *6, rue Belgrand, Mitte April–1. Nov. tgl. 11–17 Uhr, Eintritt 10 FF*

RESTAURANTS

Brasserie des Maréchaux
Einfach und preiswert, in der Altstadt gelegen. *1, place Vauban, Tel. 86 34 55 80, Kategorie 3*

Les Capucins
Gute burgundische Küche; auch Übernachtung möglich, gelegen zwischen Bahnhof und Altstadt. 8 Zi., *6, av. Paul-Doumer, Tel. 86 34 06 52, Kategorie 2–3*

Le Gourmillon
Geboten wird gutbürgerliche Küche zu günstigen Preisen. *8, rue de Lyon, Tel. 86 31 62 01, Kategorie 3*

HOTELS

Au Bon Accueil
Unterhalb der Altstadt gelegen, mit einfachem Komfort. 14 Zi., *4, rue de l'hôpital, Tel. 86 34 09 33, Kategorie 3*

Hostellerie de la Poste
Sehr komfortables und traditionsreiches Hotel. Gute Küche. 20 Zi., 6 Suiten, *13, place Vauban, Tel. 86 34 06 12, Kategorie 1–2*

YONNE

Hostellerie du Moulin des Ruats
Schön im Tal des Cousin, 6 km von Avallon entfernt gelegenes, sehr komfortables Hotel. 27 Zi., *Vallée du Cousin, Tel. 86 34 07 14, Kategorie 1–2*

Moulin des Templiers
★ Dank der schönen Lage im Tal des Cousin 4 km von Avallon sehr zu empfehlen. 14 Zi., *Vallée du Cousin, Pontaubert, Tel. 86 34 10 80, Kategorie 2–3*

AUSKUNFT

Office du Tourisme
4, rue Bocquillot, Tel. 86 34 14 19

ZIELE IN DER UMGEBUNG

Chastellux, Château de
Das stattliche Schloß hoch über einer Schlucht an der D 944 südöstlich von Avallon gelegen, ist seit mehr als tausend Jahren im Besitz der Familie Chastellux. Keine Besichtigung (D 5)

Château-Chinon
Das Hauptstädtchen (2700 Ew.) des Morvan ist ein gut besuchter Ferienort. ☀ Um sich einen Überblick zu verschaffen, steige man auf den 609 m hohen *Calvaire*. An der Stelle eines gallischen Oppidum, einer befestigten Siedlung und eines römischen Kastells sind drei Kreuze errichtet. Von hier oben bietet sich ein hinreißender Rundblick über den Ort bis zu den Kuppen des 855 m hohen Preneley und 901 m hohen Haut-Folin. Das *Musée du Costume* in einem alten Stadthaus mit einer großen Sammlung von Trachten, Webarbeiten und regionalgeschichtliche Gegenständen wird derzeit renoviert. Im *Musée Septennat* sind die Staatsgeschenke ausgestellt, die François Mitterand, ehemaliger Bürgermeister von Château-Chinon, während seiner Präsidentschaft erhielt. *Tgl. 10–19 Uhr (Sommer), Eintritt 15 FF.* Hotel-Restaurant: *Le Folin, 33 Zi., Route de Nevers, Tel. 86 85 00 80, Kategorie 2–3; Hôtel Le Vieux Morvan, 23 Zi., 8, place Gudin, Tel. 86 85 05 01 Kategorie 2–3* (D 6)

Dun-les-Places
☀ Kleiner Ferienort (520 Ew.) im nördlichen Morvan mit einem *Calvaire* (Kalvarienberg) in 590 m Höhe; schöne Aussicht. Hotel: *Le Mont Velin, 7 Zi., place de l'Église, Tel. 86 84 61 82, Kategorie 3* (E 5)

Fouilles des Fontaines Salées
Ausgrabungsstätte bei Thermalquellen, die in gallo-romanischer Zeit genutzt wurden. Im 17. Jh. zugeschüttet; Zugang zu einer Quelle, die wieder genutzt wird (D 5)

Lac des Settons
★ Der hübsche See in den Wäldern des südlichen Morvan entstand im vorigen Jahrhundert durch Aufstauung der Cure zwecks Flößerei. Er wirkt jedoch ganz natürlich und ist ein schönes Ziel zum Baden und Wassersport (E 6)

Lormes
Beliebte Sommerfrische (1600 Ew.) südlich von Vézelay. Nahebei im Nordwesten der Mont de la Justice, von dem sich eine weite Aussicht auf den Morvan und ins Departement Nièvre bietet. ☀ Im Ort hat man von der Terrasse des Friedhofs ebenfalls

einen prächtigen Rundblick. Hotel: *Perreau, 14 Zi., 8, route d'Avallon, Tel. 86 22 53 21, Kategorie 2* (D 5)

Montréal
Kleiner mittelalterlicher Marktflecken (190 Ew.) nordöstlich nahe Avallon auf der anderen Seite der Autobahn Paris–Lyon. Mit seinen Wehrmauern, den alten Häusern, der Kirche und dem Friedhof ist er so unverfälscht erhalten wie kaum ein anderer Ort von Burgund. In der schlichten Kirche (12. Jh.) prächtiges Chorgestühl aus geschnitzter Eiche (16. Jh.), ein herrlicher Altaraufsatz aus Alabaster (15. Jh.) und andere Schätze. (E 4)

Morvan
Der Morvan ist das grüne Herz von Burgund, mit dichten Wäldern, mit Schluchten, Seen, Hügeln und stillen Dörfern. Der größte Teil wurde 1970 zum *Parc Naturel Régional* erklärt (174 000 Hektar). Der Tourismus hält sich selbst in den Sommermonaten sehr in Grenzen. (D–E 6)

Quarré-les-Tombes
Der kleine Ferienort im nördlichen Morvan hat seinen Namen von den Steingräbern, die hier in großer Zahl gefunden wurden. Um die Kirche sind die Reste von mehr als tausend Gräbern aus dem 7.–10. Jh. angehäuft; mehr als 100 Steinsarkophage sind noch erhalten. Man nimmt an, daß hier eine Sargherstellung im großen Stil angesiedelt war. (E 5)

Sainte-Magnance
Die gotische Kirche des Dorfes südöstlich von Avallon birgt das bemerkenswerte Grab der heiligen Magnance (12. Jh.), einer der vier Frauen, die im 5. Jh. den Leichnam des heiligen Germain von Auxerre begleiteten, der nach seinem Tod in Ravenna nach Burgund überführt wurde. (E 4)

Saint-Père
In dem unterhalb des Berges von Vézelay gelegenen kleinen Dorf lohnt die schöne gotische Kirche *Notre-Dame* einen Besuch. Sie wurde um 1200 begonnen und im 15. Jh. vollendet. Hotel: *La Renommée, 18 Zi., Tel. 86 33 21 34, Kategorie 3* (D 4)

Vallée du Cousin
★ Das idyllische Tal bei Avallon ist mit seinen kleinen Orten ein überaus lohnendes Ausflugsziel. Sehr empfehlenswert sind aber auch die hübsch gelegenen Hotels im Cousin-Tal *(siehe Avallon).* (D–F 4)

Vézelay
Wallfahrtsort und Station am Jakobsweg, der mittelalterlichen Pilgerroute nach Santiago de Compostella, ist Vézelay (580 Ew.) seit knapp tausend Jahren. Mit der auf dem Berg erbauten Basilika *Sainte-Madeleine* als Krönung bildet die kleine Stadt ein Ensemble, das dem Mont-Saint-Michel in der Normandie kaum nachsteht. Bereits 860 wurde das Benediktinerinnenkloster von Vézelay gegründet. Ab der Mitte des 11. Jhs. rückte es zum großen Pilgerziel auf, als die Kunde von Wundern am Grab der heiligen Magdalena bekannt wurde. Nach der Legende war es der Klostergründer Girard de Roussillon, der die Gebeine der Heiligen aus der Provence nach Vé-

zelay überführen ließ. ★ Die Basilika Sainte-Madeleine wurde 1096 begonnen, zu dieser Zeit hatte Vézelay rund 10 000 Einwohner. Am Ostersonntag, dem 31. März 1146, rief Bernhard von Clairvaux als Abgesandter des Papstes in der Basilika im Beisein des französischen Königs Ludwig II. die Christenheit zum zweiten Kreuzzug auf. Im späten Mittelalter und im Hundertjährigen Krieg verlor Vézelay an Bedeutung und verfiel. Die Basilika Sainte-Madeleine befand sich in einem desolaten Zustand, als Eugène Emmanuel Viollet-le-Duc 1840 mit den Restaurierungsarbeiten (bis 1861) begann. Die Fassade wird von reich mit Figuren geschmückten Portalen beherrscht. Das Tympanon am Vorhallenportal gilt als ein Hauptwerk der romanischen Bildhauerkunst. Es zeigt den thronenden Christus, der den Aposteln zu seinen Seiten den Segen spendet. Die kleinen Figuren stellen acht Völker dar, denen die Apostel das Christentum verkündeten. Das lichtdurchflutete, majestätische Hauptschiff, mit einer Länge von 62 m, wird von hohen Rundbogen überwölbt. Die besondere Sehenswürdigkeit, und Höhepunkte der romanischen Kunst, sind hier die mit 25 skulptierten Szenen geschmückten Säulenkapitelle. Chor und Querschiff wurden Ende des 12. Jh. abgerissen und 1215 im gotischen Stil neu erbaut.

❀ Nach dem Besuch von Sainte-Madeleine empfiehlt es sich, zu dem baumbestandenen Aussichtsplatz hinter dem Chor zu gehen, von dem man weit ins Land blickt. Auch ein Bummel durch die Nebengassen, nicht nur auf der Hauptstraße, vermittelt einen Eindruck von der besonderen Atmosphäre des Ortes: Hinter der Kirche führt ein Weg am alten Friedhof vorbei zum *Tour des Ursulines,* dem *Tour Rouge* und der *Porte Neuve.* Vergessen wirkt das Haus des aus dem nahen Clamecy gebürtigen, bedeutenden Schriftstellers und Humanisten Romain Rolland, der hier am 30. September 1944 starb.

Restaurant: *Peyanot, 39, rue St-Etinenne, Tel. 86 33 27 34, Kategorie 2–3;* Hotel-Restaurants: *Hôtel de la Poste et du Lion d'Or, 49 Zi., place du Champ de Foire, Tel. 86 33 24 40, Kategorie 1–2; Le Compostelle, 18 Zi., place du Champ de Foire, Tel. 86 33 28 63, Kategorie 2; Relais du Morvan, 14 Zi., place du Champ de Foire, Tel. 86 33 25 33, Kategorie 3* (D 4)

Ammen im Morvan

»Aus dem Morvan kommen weder gute Leute noch guter Wind« pflegten die hochmütigen Weinbauern der Côte d'Or zu sagen. Doch die Morvandiaux beantworteten den unfreundlichen Spruch auf schlicht-überzeugende Weise: Die Männer versorgten als Flößer die Pariser mit Brennstoff, während ihre Frauen den Kindern wohlhabender Hauptstädter die Brust reichten. Im 19. Jahrhundert war es geradezu Mode, sich entweder eine Amme aus dem Morvan kommen zu lassen oder den Säugling in seinen ersten Lebensmonaten zum Stillen in den Morvan zu schicken.

NIÈVRE

Ein unverfälschtes Stück Burgund

Im angemessenen Urlaubstempo auf einem Hausboot durch das Nivernais

Der Westen Burgunds, das Departement Nièvre – oder Nivernais –, erstreckt sich von den Ausläufern des Morvan bis zur Loire, die in einem weiten Bogen an Nevers und La Charité-sur-Loire vorbeizieht. Es ist eine stille, friedliche Landschaft, die große Kunst liegt eher am Rande, berühmte Weine wachsen hier nicht, und die Schlösser machen nicht durch namhafte Baumeister oder berühmte Persönlichkeiten auf sich aufmerksam. Doch dies ist ein ganz und gar unverfälschtes Stück Burgund, im besten Sinne provinziell-urwüchsig. Mitten durch das Nivernais zieht die wohl schönste Wasserstraße von Burgund, der Canal du Nivernais, auf dem man Ferien im Hausboot oder in einem zum Hotelschiff umgebauten Lastkahn machen kann.

NEVERS

Die alte Herzogstadt (45 000 Ew.) liegt schön an der oberen Loire und ist mit ihren prächtigen Bauten aus einer glorreichen Ver-

Canal du Nivernais

gangenheit einen Besuch wert. Ähnlich wie Dijon und die meisten französischen Städte vergleichbarer Größe ist Nevers jedoch alles andere als ein beschauliches Idyll, sondern lebhaft und dynamisch. Die berühmten Fayencen werden hier seit 1575 hergestellt, wobei man sich von den italienischen Vorbildern löste und einen eigenständigen Stil entwickelte. Nach dem Höhepunkt im 18. Jahrhundert führen heute noch vier Fabriken die alte Tradition weiter. (B 6)

BESICHTIGUNGEN

Cathédrale Saint-Cyr-et-Sainte-Julitte
Die Bauarbeiten zogen sich über Jahrhunderte hin; begonnen im 11. Jh., wurde die Kathedrale erst 1331 geweiht und nicht vor dem 16. Jh. vollendet. Stark gelitten hat der Bau durch Bombenangriffe im Juli 1944; die Restaurierungsarbeiten sind jedoch abgeschlossen. Besonders schön sind die romanische Krypta aus dem 11. Jh. und die romanische Apsis (12. Jh.). Die im Krieg zerstörten Glasfenster wurden durch interessante moderne Arbeiten von

MARCO POLO TIPS FÜR NIÈVRE

1 Nevers
Fayencen im Museum und in Werkstätten
(Seite 62/63)

2 La Charité-sur-Loire
Romanik pur: Abteikirche Sainte-Croix-Notre-Dame
(Seite 64)

3 Châtillon-en-Bazois
Bootsausflug auf dem Canal du Nivernais
(Seite 64)

4 Clamecy
Die Geschichte der Holzflößerei im Museum
(Seite 66)

5 Pouilly-sur-Loire
Weinprobe in dem Zentrum des Weinbaus im Nivernais (Seite 67)

6 Saint-Parize-le-Châtel
Kunstschätze in der Kirche und Mineralquellen
(Seite 67)

Alberola, Viallat, Ronan und anderen Künstlern ersetzt. *Rue du Cloître St-Cyr*

Couvent Saint-Gildard
Am nordwestlichen Stadtrand liegt das Kloster, in dem das Hirtenmädchen Bernadette Soubirous im Jahre 1866 Zuflucht suchte, nachdem es durch seine aufsehenerregenden Visionen in Lourdes keinen Frieden mehr fand. Nach ihrem Tod am 16. April 1879 wurde Saint-Gildard zum Wallfahrtsort. Der Schrein der 1933 heiliggesprochenen Bernadette steht in der Klosterkapelle, ein Museum dokumentiert ihr Leben. *34, rue St-Gildard, tgl. im Sommer 6.30–19.30 Uhr, sonst 7–12 und 13.30–19 Uhr*

Église Sainte-Bernadette-du-Banlay
Der bunkerartige Bau im Norden der Stadt, erbaut 1966 von Claude Parent, ist der heiligen Bernadette geweiht. Durch schöne Buntglasfenster von Odette Ducarre wird der Innenraum stimmungsvoll erhellt.

Église Saint-Étienne
Dieser schönste romanische Kirchenbau der Stadt knüpft an die große Tradition von Cluny an. Beim Bau ab 1063 hatte der bedeutende Abt Hugo von Cluny mit seinen Mönchen entscheidend mitgewirkt. 1097 wurde die Kirche geweiht und blieb über die Jahrhunderte fast unversehrt erhalten, nur der Vierungsturm und die beiden Türme der Westfassade wurden in der Revolution zerstört. Das Innere ist von beeindruckender Schlichtheit. *Rue St-Étienne*

Fayenceverkauf und -herstellung
★ Beim Werkstattbesuch kann man zusehen, wie Fayencen hergestellt werden. *Faïencerie d'Art-Montagnon, 10, rue de la Porte du Croux, April–Okt. tgl. 9–12 und 14–19 Uhr, Werkstatt jeden 1. Mi 14.30 Uhr;* Fayencerie d'Art Bernard, *Magasin Avenue Colbert, tgl. außer So und Mo 10–12 und 14 bis 19 Uhr;* Magasin Palais Ducal, *rue Sabatier, tgl. 10–12.30 und 14 bis 19.30 Uhr;* Faïencerie Georges, *11, av. Colbert, Di–Sa 10–12 und 14 bis*

NIÈVRE

19.30 Uhr Faïencerie Girande Christine, *26, rue du 14 Juillet, tgl. außer So und Mo 9–12 und 14 bis 19 Uhr*

Palais Ducal

Der schöne Herzogspalast steht mitten in der Altstadt über der Loire. Er wurde 1475 von dem Grafen von Clamecy und Enkel Karls des Kühnen begonnen. Der Stil ist ursprünglich gotisch, doch prägen bereits die Einflüsse der Renaissance den Bau, vor allem mit der schön gegliederten und reich verzierten Südfassade. An dem linken Turm erinnert eine Plakette daran, daß eine Prinzessin des Nivernais, Marie-Casimire, Königin von Polen war. Im Treppenturm stellen moderne Halbreliefs Szenen aus dem Haus Cleve und des »Chevalier au Cygne« (Lohengrin) von dem Bildhauer Joufroy dar. Nach umfassender Restaurierung dienen die Säle des Palastes als Empfangs- und Ausstellungsräume. *Place Ducal*

Porte du Croux

Einst wichtigster Zugang zur Stadt an der Straße nach Paris, erbaut 1393. Im Turm ist das archäologische Museum untergebracht. Von hier bis zur Loire ist ein Teil der im 12. Jh. erbauten Stadtmauer mit den Türmen *du Havre, St-Réverien* und *Gogin* erhalten. Lohnend ist der Spaziergang entlang der Stadtmauer. *Rue du Porte du Croux*

MUSEEN

Musée Archéologique du Nivernais

Das Museum in der *Porte du Croux* besitzt neben antiken griechischen und römischen Marmorstatuen auch eine bedeutende Sammlung romanischer, gotischer und moderner Skulpturen. *Tgl. außer Mo vormittags und Di 10–12 und 14–18.30 Uhr, Eintritt 20 FF*

Musée Municipal Frédéric Blandin

★ Nevers ist für seine Fayencen berühmt, die seit dem 16. Jh. hergestellt werden. Die prächtige Sammlung des Museums, das im *Hôtel Roussinghol* innerhalb der ehemaligen Abtei Notre-Dame untergebracht ist, zeigt die ganze Bandbreite der Fayenceproduktion, darunter solche Prachtstücke wie die *Vierge à la pomme* von 1636 oder den großen, emaillierten Teller *Venus et Mercure* in dem berühmten tiefen Blau von Nevers.

Im ehemaligen Kapitelsaal schöne Gemäldesammlung mit Werken von Maurice Utrillo, Paul Signac, Raoul Dufy, Maurice Vlaminck und anderen. Abbaye Notre-Dame; *16, rue Saint-Genest. Tgl. außer Di 10–12.30 und 14 bis 18.30 Uhr, Eintritt 10 FF*

RESTAURANTS

Auberge de la Porte du Croux

Hier speist man nicht nur besonders gut, sondern hat auch den entsprechenden Rahmen: Nahe der *Port du Croux* gelegen, hat das Restaurant einen schönen Garten mit einer Terrasse. *17, rue Porte du Croux, Tel. 86 57 12 71, Kategorie 2–3*

La Botte de Nevers

Fast familiär ist das Ambiente dieses gemütlichen, mit Kamin und Stilmöbeln ausgestatteten Restaurants. Abends werden bei

Kerzenlicht herrliche Spezialitäten von Burgund serviert. *Rue du Petit Château, Tel. 86 61 16 93, Kategorie 2–3*

La Crêperie
Besondere Spezialitäten sind *fondues savoyardes bourguignonnes* und *pierrades. 24, av. du Général de Gaulle, Tel. 86 57 28 61, Kategorie 3*

Le Puits de Saint-Pierre
Küche und Ambiente werden gehobenen Ansprüchen gerecht. *21, rue Mirangron, Tel. 86 60 61 14, Kategorie 2*

HOTELS

Clèves
Kleineres, nettes Hotel in zentraler Lage ohne Restaurant. 15 Zi., *8, rue St-Didier, Tel. 86 61 15 87, Kategorie 3*

Diane
Sehr komfortabel, im Zentrum, mit gutem Restaurant. 30 Zi., *23, av. du Général de Gaulle, Tel. 86 57 28 10, Kategorie 1–2*

Villa du Parc
Ruhig beim *Parc Roger Salengro* in Zentrumsnähe gelegen, mit komfortablen Zimmern und guten Parkmöglichkeiten. 28 Zi., *18, rue de Lourdes, Tel. 86 61 09 48, Kategorie 3*

AUSKUNFT

Office de Tourisme
31, rue du Rempart, Tel. 86 59 07 03

ZIELE IN DER UMGEBUNG

La Charité-sur-Loire
★ Die Ansicht der 25 km nördlich von Nevers schön an der Loire gelegenen Stadt (6400 Ew.) wird von der alten Steinbrücke und der Silhouette der prächtigen Kirche *Notre-Dame* beherrscht. Als eine *fille aînée de Cluny*, als älteste Tochter von Cluny, wurde die Abteikirche *Sainte-Croix-Notre-Dame* im 11. Jh. begonnen und 1107 von Papst Pascal II. geweiht. Sie war mit einer Länge von 122 m nach Cluny die zweitgrößte Kirche Frankreichs; 5000 Menschen fanden in ihr Platz. Wie Cluny wurde die »älteste Tochter« in der Revolution weitgehend zerstört, doch der Torso ist immer noch großartig. Die reiche Ausschmückung der Kapitelle, Bögen und Blendarkaden weisen auf arabischen Einfluß hin. Alles in allem ist die Kirche eine der letzten und schönsten Blüten der Romanik auf burgundischem Boden. Im Anschluß an die Kirche befinden sich Reste des einstigen Benediktinerklosters, Pförtnerei, Priorwohnung, eine *Salle capitulaire.*

Im Stadtmuseum sind zahlreiche mittelalterliche Fundstücke von Ausgrabungen bei der Kirche zu sehen. Beachtlich auch die schöne Jugendstil- und Art deco-Sammlung sowie Werke des Rodinschülers Pina (1885–1966). *Sommer tgl. außer Di 10–12 und 15–19 Uhr, Eintritt 10 FF.*

Hotel-Restaurants: *Le Grand Monarque, 9 Zi., 33, quai Clémenceau, Tel. 86 70 21 73, Kategorie 2; Terminus, 10 Zi., 23 av. Gambetta, Tel. 86 70 09 61, Kategorie 3* (A–B 5)

Châtillon-en-Bazois
★ Der Ort (1200 Ew.) liegt hübsch am Canal du Nivernais, dem schönsten der alten Kanäle von Burgund, auf denen man Fe-

NIÈVRE

rien im Hausboot verbringen kann. Von Châtillon-en-Bazois kann man Ausflugsfahrten auf dem Kanal von einer Stunde bis zu einem ganzen Tag machen. – In dem Dorf *Rouy,* 10 km westlich, steht eine sehenswerte romanische Kirche mit einem schönen gotischen Turm. (C 6)

Chevenon
Das Dorf (650 Ew.) besitzt neben einer sehenswerten Kirche ein eindrucksvolles Schloß, das im 14. Jh. von Guillaume de Chevenon erbaut wurde *(Außenbesichtigung Anfang April–Ende Sept.)* (B 6)

Clamecy
Die alte Stadt (5900 Ew.) am Nordrand des Nivernais liegt schön in sanfter Hügellandschaft, die vom Canal du Nivernais durchschnitten wird. In Clamecy wurde der große Romancier Romain Rolland (1866–1944) geboren; im Museum sind Räume mit Erinnerungen an ihn eingerichtet. Das Geburtshaus steht in der nach dem Schriftsteller benannten Straße.

Früher war Clamecy eine wichtige Station der Flößer aus dem Morvan, die die Hauptstadt Paris mit Holz versorgten. Die stattliche Kirche Saint-Martin wurde vom Ende des 12. bis Anfang des 16. Jhs. erbaut. Ihre Größe verdankt sie dem Umstand, daß Graf Wilhelm IV. von Nevers den Bischöfen von Bethlehem das Hôpital de Panténor in Clamecy als Zufluchtsort vermachte.

La Charité-sur-Loire mit der Abteikirche Sainte-Croix-Notre-Dame

Cosne-sur-Loire

Die Kleinstadt (11 000 Ew.) liegt 50 km nordwestlich von Nevers am rechten Ufer der Loire. Sehenswert ist die Kirche Saint-Agnan, zu der eine von Cluny gegründete Abtei gehörte. Erhalten ist das romanische Portal und die romanische Apsis. Das *Musée de la Marine de la Loire* besitzt interessante Sammlungen zum Leben am und mit dem Fluß, von der Fischerei über die Schiffahrt bis zum Handel. Beachtenswert auch die Gemäldesammlung im 2. Stock; hier entdeckt man Werke von Maurice Utrillo, Marc Chagall, Raoul Dufy und anderen. *Tgl. 10–12 und 14–18 Uhr. Eintritt 20 FF.*-Hotel-Restaurants: *Auberge du Vieux Relais, 10 Zi., 11, rue Saint Agnan, Tel. 86 28 20 21, Kategorie 2; Hôtel Saint-Christoph, 8 Zi., place de la Gare, Tel. 86 28 02 01, Kategorie 3* (A 4)

Alter Brunnen in der Nähe von Clamecy

Nach dem Untergang des Königreichs Jerusalem nahmen die Bischöfe bis zur Französischen Revolution ihren Sitz in Clamecy.

★ Das *Musée d'art et d'histoire Romain Rolland* ist im ehemaligen *Hôtel du Duc de Bellegarde* untergebracht. Neben einer Gemäldesammlung mit Werken der französischen und italienischen Schule (u. a. Joseph Vernet, Claude Lorrain und Eustache Le Sueur) sind die Ausstellung zur Geschichte der Flößerei und die dem Dichter Romain Rolland gewidmeten Räume von ganz besonderem Interesse.

Hotel: *Hostellerie de la Poste, 17 Zi., 9, place Emile-Zola, Tel. 86 27 01 55, Kategorie 2* (C 4)

Decize

Das Städtchen (7500 Ew.) 34 km südöstlich von Nevers, ist von Wasser umgeben: hier treffen der Canal latéral à la Loire und der Canal du Nivernais zusammen. Die Altstadt mit der Kirche Saint-Aré steht auf einer Insel in der Loire. Die Krypta der Kirche stammt aus dem 7. Jh. und ist damit eine der wenigen merowingischen Krypten Frankreichs. Hier ruhte bis zur Revolution der heilige Aré, Bischof von Nevers, gestorben 558, von dem die Legende berichtet, daß sein Leichnam allein in einem Boot die Loire heraufgeschwommen sei. Decize ist die Heimatstadt des Konventmitglieds Saint-Just (1767–1794), der zusammen mit Robespierre gestürzt und der Guillotine überantwortet wurde.

NIÈVRE

Restaurant: *Le Charolais, 33 bis route Moulins, Tel. 86 25 22 27,* Kategorie 3. – Hotels: *Les Capucines, 33 Zi., Saint Thibault, Tel. 86 25 04 12,* Kategorie 3; *Hôtel de l'Agriculture, 17 Zi., 20, route de Moulins, Tel. 86 25 05 38,* Kategorie 3

Donzy

Rund 60 km nördlich von Nevers gelegenes Städtchen (1900 Ew.) mit gotischer Kirche und einigen hübschen alten Häusern. Zu empfehlen als Standort für Ausflüge zu den Kirchen und Schlössern der Umgebung. Hotel-Restaurant: *Grand Monarque, 16 Zi., bei der Kirche, Tel. 86 39 35 44,* Kategorie 3. – 1 km westlich liegen die Reste des Priorats *Donzy-le-Pré* mit sehenswerter Kirche. Das Tympanon (12. Jh.) ist ein schönes Beispiel der burgundischen Romanik. – Nördlich von Donzy liegt das festungsartige Schloß *La Motte-Josserand (nicht zu besichtigen).* (B 4)

Marzy

In dem Städtchen (2800 Ew.) rund 5 km westlich von Nevers lohnt die romanische Kirche mit schönem Turm einen Besuch. Im Innern Statuen aus dem 17. und 18. Jh. (B 6)

Pouilly-sur-Loire

★ Die Kleinstadt (1700 Ew.) 13 km nördlich von La Charité-sur-Loire ist ein berühmtes Zentrum des Weinbaus im Nivernais. Produziert wird ein fruchtiger Weißwein (Weinproben). (A 5)

Prémery

Das hübsch in den Hügeln am Fluß Nièvre gelegene Städtchen (2600 Ew.), 28 km nördlich von La Charité-sur-Loire, besitzt außer der sehenswerten Kollegiatskirche *Saint-Marcel* (13. und 14. Jh.), mit steinerner Muttergottes aus dem 15. Jh., ein altes Schloß (14.–17. Jh.), einst Sitz der Bischöfe von Nevers *(nicht zu besichtigen).* Hotel: *De la Poste, 15 Zi., 27, Grande Rue, Tel. 86 68 12 30,* Kategorie 3. – 4,5 km nördlich liegt das schöne *Château de Giry* (12.–18. Jh.), *Juli–Okt. tgl. außer Di 10 bis 12 und 14–17 Uhr.* 8,5 km nordöstlich von Prémery liegen eindrucksvolle Ruinen eines mittelalterlichen Schlosses auf der *Butte de Montenoison* (Aussicht!). (B 4)

Saint-Parize-le-Châtel

★ Hübsches Dorf 12 km südlich von Nevers mit hochgelegener Kirche; beachtenswert die Krypta aus dem 12. Jh. Reich mit Figuren und Ornamenten verzierte Kapitelle. Die Mineralquellen sind seit zweitausend Jahren bekannt und wurden besonders in galloromanischer Zeit – wie auch heute wieder – genutzt. Unweit des Ortes liegt der *Circuit auto-moto de Nevers-Magny-Cours,* auf dem Training und Probeläufe von Rennwagen stattfinden.

Saint-Pierre-le-Moûtier

In dem 23 km südlich von Nevers gelegenen Ort (2200 Ew.) mit friedlichen Plätzen und alten Häusern steht eine romanische Kirche mit schönen Portalen. Das charakteristische Tympanon des Nordportals zeigt Christus mit den vier Evangelisten, umgeben von Engeln. Das Innere wurde im Laufe der Jahrhunderte stark verändert, einige Kapitelle tragen jedoch interessanten Figurenschmuck. Beachtenswert auch eine Pietà aus dem 15. Jh.

SAÔNE-ET-LOIRE

Unversehrte Zeugen der Romanik

Saint-Lazare in Autun, Sacré-Cœur in Paray-le-Monial oder Saint-Philibert in Tournus – der Süden Burgunds birgt verschiedene Ausprägungen romanischer Architektur

Die Landschaft des burgundischen Südens, das Departement Saône-et-Loire, ist eine friedvolle Region der grünen Hügel, des Weins, der ehrwürdigen Dorfkirchen und verwunschenen Schlösser. Zu diesem Gebiet gehört noch der südliche Teil des Morvan mit der nahen Stadt Autun. Vom Tourismus à la Côte d'Or ist im idyllischen Charollais, Brionnais, Mâconnais und Beaujolais nichts zu spüren. Stundenlang kann man auf kleinen Nebenstraßen durch eine Landschaft rollen, in der die Zeit still zu stehen scheint. Während es heute in Cluny, »dem einstigen Wunder des Abendlandes«, weniger die sichtbare, in Stein verewigte Herrlichkeit ist als die immer noch spürbare geistige Ausstrahlung dieses einstigen geistlichen Imperiums, treffen wir in Paray-le-Monial, Tournus, Autun und andernorts auf die unversehrten Zeugen der Romanik.

In den Sommermonaten Anziehungspunkt von Pilgern: Basilika Sacré-Cœur

AUTUN

Mit dem spitzen Turm der Kathedrale als Abschluß erhebt sich die zweitausend Jahre alte Stadt (20 000 Ew.) aus der Ebene des Arroux-Tales. Mittelalterlich eng scharen sich die Häuser auf dem Hügel um die Kathedrale. Ein Teil der Stadt wird noch von der alten Mauer mit der klobigen *Tour des Ursulines* (12. Jh.) eingefaßt. Bereits in gallischer Zeit lag hier die wichtigste und größte Stadt der Häduer, dem neben den Arvernern mächtigsten Stamm Galliens. Nach der Eroberung durch Cäsar wurde die Stadt von dessen Neffen, dem späteren Kaiser Augustus, nach römischen Plänen neu erbaut und Augustodunum genannt. Von den einst 62 Türmen und vier Toren sind aus römischer Zeit die *Porte d'Arroux* und *Porte Sainte-Andreé* sowie das Amphitheater und der Janustempel erhalten. Vor allem aber besitzt Autun mit den romanischen Skulpturen der Kathedrale Saint-Lazare von der Hand des Meisters Gislebertus einzigartige Kunstschätze. Die sympathische

Provinzstadt eignet sich auch gut als Standquartier für Ausflüge in den Morvan, ins Chalonnais, in das Weingebiet südlich der Côte d'Or und ins Brionnais. (G5)

BESICHTIGUNGEN

Amphitheater
Im einst größten römischen Theater Galliens konnten bis zu 12 000 Zuschauer auf den noch gut erhaltenen Steinstufen des weiten Halbrunds Platz nehmen.

Janustempel
Der Koloß von 24 m Höhe außerhalb der Stadt nordwestlich der Porte d'Arroux entstand im 1. Jh. n. Chr. Die Form des Baus geht auf gallische Vorbilder zurück, man nennt derartige Anlagen *fanum*. Das Erdgeschoß um die *Cella,* den Kultraum, war von einer Galerie umgeben, wie man an den Löchern für die Deckenbalken noch erkennt. Der Überlieferung nach ist der Tempel fälschlicherweise mit dem Gott Janus verknüpft.

Kathedrale Saint-Lazare
Die Kathedrale auf dem höchsten Punkt der Altstadt wurde von 1120 bis 1146 erbaut. Sie ist eine besonders schöne romanische Kirche im cluniazensischen Stil, bemerkenswert in den gotischen Abmessungen eines hohen, schmalen Gotteshauses. Geweiht ist die Kathedrale dem heiligen Lazarus, der nach der Legende mit seinen Schwestern nach Gallien kam, wo er seine

MARCO POLO TIPS FÜR SAÔNE-ET-LOIRE

1 Autun
Die Kunst von Meister Gislebertus (Seite 71/72)

2 Mont Beuvray
Reste des gallischen Bibracte (Seite 74)

3 Paray-le-Monial
Basilika Sacré-Cœur im cluniazensischen Stil (Seite 78)

4 Anzy-le-Duc
Herrliche romanische Kirche (Seite 80)

5 Cluny
Einst »Wunder des Abendlandes« (Seite 81)

6 Semur-en-Brionnais
Romanische Kirche, Schloß und ein altes Priorat (Seite 83)

7 Berzé-le-Châtel
Höchst romantische Burganlage (Seite 77)

8 Bourg-en-Bresse
Kloster und Kirche mit Hochgräbern (Seite 77)

9 Solutré
Treffpunkt der Steinzeitjäger (Seite 78)

10 Tournus
Mächtige romanische Abteikirche Saint-Philibert (Seite 84)

11 Brancion
Besuch beim Kreuzzugsritter (Seite 86)

12 Château de Cormatin
Phantastisch prunkvolle Säle (Seite 86)

SAÔNE-ET-LOIRE

Kathedrale Saint-Lazare mit dem Tympanon »Das jüngste Gericht«

Mission in Marseille begann und erster Bischof der Stadt wurde. Unbekannt ist, wie seine Gebeine nach Autun fanden. Jedenfalls pilgerten bald die Leprakranken in Scharen zu dem Grab ihres Schutzheiligen Lazarus. Beim Umbau des Chors im 18. Jh. wurde der Schrein jedoch zerstört, an seiner Stelle steht heute der Hochaltar. Erhalten sind von dem Grabmal ein Christus am Kruzifix und die Figuren der Martha, Magdalena und des Andreas (im Musée Rolin).

★ Das wichtigste Kunstwerk ist jedoch das von dem Meister Gislebertus geschaffene herrliche Tympanon (1130–1135). Es stellt das Jüngste Gericht dar: Links von Christus sehen wir die Auserwählten, die ein Engel mit Schwert von den Verdammten auf der rechten Seite trennt. Die Dramatik des Geschehens ist unvergleichlich in der Gestik der Gestalten zum Ausdruck gebracht. Auch die Kapitelle im Innern der Kathedrale sind reich mit Figuren geschmückt; ein Großteil stammt ebenfalls von Gislebertus. In einer Kapelle an der Nordseite (links) befindet sich eines der berühmten Gemälde von Jean-Auguste-Dominique Ingres, das den Märtyrertod von Saint Symphorion darstellt. Rechts vom Hochaltar liegt der Kapitelsaal, in dem prächtige Bildwerke der Romanik zu sehen sind wie zum Beispiel der Selbstmord des Judas oder die Flucht aus Ägypten.
Place St-Louis

Porte d'Arroux
Einst Teil der römischen Stadtmauer, besteht die elegante Porte d'Arroux aus zwei Durchfahrten für Wagen und zwei für Fußgänger. Hinter der Galerie im 1. Stock lag in römischer Zeit das Büro, und zwei Türme flankierten das Tor. *Am nördlichen Stadtrand*

Port Saint-André
Vom 1. Jh. an war das Tor die wichtigste östliche Zufahrt zur Hauptstraße Richtung Osten, dem *Decumanus Maximus.*. Neben dem Tor ist der untere Teil eines der Türme erhalten, der im Mittelalter in die Kapelle *Saint-André* umgebaut wurde. Im Innern sind gotische Fresken erhalten, die den Arbeitszyklus der Monate darstellen.

MUSEEN

Musée Lapidaire Saint-Nicolas
In der romanischen Kapelle Saint-Nicolas sind aus galloromanischer Zeit und dem Mittelalter schöne Skulpturen (z.B. Grabstelen), Mosaiken und architektonische Funde zu sehen. *10, rue Saint-Nicolas, Mitte April bis Ende Sept. tgl. 10–12 und 14–18 Uhr, sonst 10–12 und 14–16 (16.30) Uhr, Eintritt frei*

Musée Rolin
Das bei der Kathedrale gelegene Museum im ehemaligen Palais des burgundischen Kanzlers Nicolas Rolin (15. Jh.) besitzt großartige Kunstschätze aus verschiedenen Epochen. ★ Eines der Prachtstücke ist die liegende Eva, »die Versuchung der Eva« (12. Jh.), des Meister Gislebertus. Das Bildwerk gilt als ein besonders sinnliches der romanischen Kunst. Zusammen mit dem verschollenen Adam zierte es den Türsturz des Westportals der Kathedrale. Im oberen Stockwerk des Museums ist ein berühmtes Gemälde, die Geburt Christi, zu bewundern. Es wird Jean Hey, dem Meister von Moulins zugeschrieben, der zwischen 1480 und 1500 u.a. in Burgund tätig war. – Eine andere Abteilung umfaßt archäologische Funde aus dem alten Augustodunum, ergänzt durch eine Gemäldesammlung mit Werken französischer und flämischer Künstler. *5, Rue des Bancs, 1. April–30. Sept. tgl. außer Di 9.30–12 und 13.30–18 Uhr, sonst 10–12 und 14–17 Uhr, Eintritt 12 FF*

RESTAURANTS

Auberge de la Bourgogne
Zur Auswahl stehen drei Menüs; man kann aber auch à la carte essen. *39–40, place du Champ de Mars, So abends und Mo geschl., Tel. 85 52 20 96, Kategorie 3*

Chalet Bleu
Die beste Küche der Stadt, zu sehr humanen Preisen. *3, rue Jeannin, geschl. Mo abends und Mi, Tel. 85 86 27 30, Kategorie 2–3*

Le Châteaubriand
Eine andere gute Adresse für Gourmets in Autun. Hinter dem Theater. *14, rue Jeannin, So abends, Mo und Juli geschl. Tel. 85 52 21 58, Kategorie 2–3*

Restaurant Lardreau
In gepflegtem Rahmen werden traditionelle burgundische Speisen serviert. *58, av. Charles de Gaulle, Tel. 85 52 16 74, Kategorie 3*

SAÔNE-ET-LOIRE

> **Die liegende Eva**
>
> Die berühmte liegende Eva im Musée Rolin von Autun ist ein Werk des Meisters Gislebertus, des großen anonymen Künstlers, der Anfang des 12. Jahrhunderts die Kathedrale Saint-Lazare in Autun ausschmückte. Die liegende Eva gilt als eines der sinnlichsten Bildwerke der romanischen Kunst. Zusammen mit dem verschollenen Adam zierte sie den Türsturz des Westportals. »Nirgends in der Romanik«, heißt es über sie, »ist der weibliche Körper mit derart realistisch schwingender Linienführung und so betörender Schönheit behandelt worden.« Fast glaubt man, das Wispern hinter vorgehaltener Hand zu vernehmen, mit dem sie Adam betörte.

EINKAUFEN

Le Cellier de Jean-Patrice Laly
Weinprobe und -kauf lassen sich hier mit der Besichtigung des hauseigenen Mini Musée de la Vigne et du Vin vortrefflich verbinden. *14, rue de la Grande-Vertu, Di–Sa 9–12 und 14–18 Uhr*

Commode Simone
Auf der Suche nach Antiquarischem kann man hier fündig werden. *19, rue Cocand*

HOTELS

Les Arcades
Beim Bahnhof liegt das recht komfortable Hotel-Garni. 40 Zi., *geschl. Ende Nov.–1. März ,22, av. de la République, Tel. 85 52 30 03, Kategorie 2–3*

Le Concorde
Kleines, einfaches Hotel-Garni, 5 Zi., *So geschl., 1, rue de l'Horloge, Tel. 85 52 38 41, Kategorie 3*

Hostellerie du Vieux Moulin
Zum komfortablen Hotel gehört ein gutes Restaurant. 16 Zi., *Mitte Dez.–1. März geschl., Porte d'Arroux, Tel. 85 52 10 90, Kategorie 2*

Hôtel des Ursulines
Stilvoll und sehr komfortabel, hübsch in der Altstadt nahe der Kathedrale gelegen. 37 Zi., *14, rue Rivault, Tel. 85 52 68 00, Kategorie 1–2*

SPIEL UND SPORT

Ein schöner 9-Loch-Golfplatz liegt am Stadtrand beim Kunstsee Plan d'Eau du Vallon. Hier finden sich auch eine Segelschule, Tennisplätze und ein Schwimmbad.

AM ABEND

Im August ist das römische Amphitheater der Schauplatz des prächtigen Historienspektakels »Il était une fois Augustodunum«, bei dem 600 Bürger in zeitgemäßer Kostümierung Vercingetorix, Cäsar, Legionäre und Gallier verkörpern und Wagenrennen veranstalten. Anmeldung und Karten kann man über das Touristenbüro bestellen.

AUSKUNFT

Office du Tourisme
3, av. Charles-de-Gaulle, Tel. 85 52 20 34 und 85 86 30 00

ZIELE IN DER UMGEBUNG

Anost
Schön im südlichen Morvan gelegener Ferienort (850 Ew.) und Ausgangspunkt von Spaziergängen und Wanderungen im Fôret d'Anost. In der Kirche Grabfiguren des 13. Jhs. und in der *Chapelle de Vélée* eine hölzerne Christusfigur sowie moderne Fresken. Restaurant: *La Galvache, Tel. 85 82 70 88, Kategorie 3.* – Nordwestlich von Anost weite Aussicht von *Notre-Dame de l'Aillant.* (E 6)

Couches
Das freundliche Städtchen (1 500 Ew.) 25 km östlich von Autun besitzt ein mit Loggia und Säulen geschmücktes Haus der Templer von 1610. Kirche *Saint-Martin* (15.–16 Jh.) mit Turm *Bajol* (13. Jh.). – Hotel: *Hôtel des Trois Maures,* 14 Zi., *place de la République, Tel. 85 49 63 93, Kategorie 3.* – 1 km vom Ort liegt das wehrhafte *Château de »Marguerite de Bourgogne«* (15. Jh.), in das die Gemahlin Ludwigs X. der Überlieferung nach wegen Ehebruch verbannt wurde. Führungen: *April–Juni So und Feiertage, Juli bis Sept. tgl. 10–12 und 14–18 Uhr* (H 6)

Le Creusot
Das »Ruhrgebiet« von Burgund besteht neben Le Creusot (32 000 Ew.) aus den Orten *Montchanin* und *Montceau-les-Mines* mit insgesamt 10 000 Ew. Eisen und Kohle werden hier schon seit dem Mittelalter abgebaut, im 17. Jh. kam mit der Industrialisierung der Aufschwung. Ab 1836 schufen die Gebrüder Schneider ihr Stahlimperium und bauten u. a. die erste französische Lokomotive. Heute steckt Le Creusot in der Krise. Die Entwicklung zum bedeutendsten Industriegebiet zwischen Paris und Lyon ist in der einstigen Residenz der Familie Schneider, *Château de la Verrerie,* eindrucksvoll dargestellt. *Tgl. 10–12 und 14–18 Uhr, Sa und So 14–18 Uhr, Eintritt 15 FF* (G 6/C 7)

Croix de la Libération
Von dem 6 km südlich von Autun auf einer Anhöhe stehenden Kreuz (1945) bietet sich ein umfassender Blick über die Stadt bis zu den Höhen des Morvan. (G 5)

Mont Beuvray
★ Auf dem Gipfel des 821 m hohen Berges am Südrand des Morvan lag das 150–120 v. Chr. erbaute Oppidum Bibracte, Hauptstadt der gallischen Häduer. Hier versammelten sich die Anführer der gallischen Stämme und ernannten Vercingetorix zum Anführer des Aufstands gegen die Römer unter Cäsar. Nach der Niederlage der Gallier wurde der Hauptort von den Römern eingenommen; geblieben sind vom Oppidum nur die Reste einer 5 km langen und 3 bis 4 m breiten Mauer, doch sind weitere Ausgrabungen im Gange. Von der Aussichtsplattform mit Orientierungstafel bietet sich ein großartiges Panorama. (B 7)

Saint-Émiland
In der Kirche des Dorfes, 17 km östlich von Autun, sind die Gebeine von Saint Émilien, dem Bischof von Nantes, beigesetzt. Er eilte im 9. Jh. dem von den Sarazenen belagerten Autun zu Hilfe.

SAÔNE-ET-LOIRE

In dem südlich des Dorfes gelegenen *Château d'Epiry* (15.–18. Jh.) wurde 1618 Roger de Bussy-Rabutin geboren. Besichtigung nach Vereinbarung. (G 5)

Signal d'Uchon

Der 684 m hohe Berg, rund 24 km südlich von Autun, bietet eine herrliche Aussicht. Am Hang des Berges liegen verstreut mächtige Granitblöcke mit Namen wie *le Carnaval, Griffe-du-Diable* oder *Pierre qui-roule*, an die sich alte Legenden knüpfen. Das Dorf *Uchon* besitzt eine gotische Kirche mit beachtenswerten Statuen, das Oratorium des heiligen Sebastian und die spärlichen Reste einer Burg. (G 6)

Sully, Château de

Madame de Sévigné nannte das Renaissanceschloß *Fontainebleau de la Bourgogne*. In der Anlage ähnelt es mit seinen vier Flügeln und vier Türmen dem Schloß Ancy-le-Franc. Der Bau wurde zu Beginn des 16. Jhs. von Jean de Saulx begonnen und von dessen Sohn, dem Marschall de Tavannes, vollendet. Das Schloß ist im Besitz des Herzogs von Magenta, Nachkomme des hier geborenen Marschalls Mac-Mahon, der von 1873–1879 auch Präsident von Frankreich war. *April–Okt. tgl. 9–19 Uhr, Eintritt 10 FF* (G–H 5)

MÂCON

Die Hauptstadt (38 000 Ew.) von Südburgund ist nicht nur Geburtsort des romantischen Dichters Alphons de Lamartine (1790–1869), sondern auch eine bedeutende Weinstadt: Der fruchtige Rote ist ein geschätzter Tafelwein und vom Weißen heißt es, daß er ebenso kraftvoll sei wie die größten Gewächse Burgunds. Mâcon entstand bereits in vorchristlicher Zeit als Handelsplatz am Ufer der Saône. Kommt man von Cluny, bietet die Stadt eine lang hingestreckte, südländisch anmutende Häuserfront mit der imposanten Steinbrücke *Saint-Laurent* aus dem 14. Jh. Von der Kathedrale *Saint-Vincent* stehen nur Reste, doch in der Altstadt sind noch stattliche, von hohen Mauern umgebene Patrizierhäuser erhalten. Vor allem lockt die Umgebung, das Mâconnais mit romanischen Kirchen und heimeligen Dörfern. (D 10)

BESICHTIGUNGEN

Hôtel-Dieu

Einen Besuch lohnt die *apothicairerie*, die Apotheke im Stil Ludwig XV. mit einer schönen Sammlung Fayencen und Holzvertäfelungen. *Rue du 11 Novembre 1918, tgl. außer Di 10–12 Uhr (Anmeldung im Musée des Ursulines)*

Vieux Saint-Vincent

Von der in der Revolution zerstörten Kathedrale sind nur die romanische Vorhalle mit dem Tympanon, zwei oktogonale Türme und die sie verbindende Empore erhalten. *Rue de Strasbourg*

MUSEEN

Musée Lamartine

Verehrer des romantischen Dichters und Ministers, der 1790 in Mâcon geboren wurde, besuchen mit Gewinn das ihm gewidmete Museum im eleganten *Hôtel Senecé*. Neben Dokumenten zu seinem Leben und Schaffen sind Gemälde, Keramik und altes Mobiliar zu sehen. *41, rue Sigorgne, Mai–Okt. außer Di. tgl. 14–17 Uhr, Eintritt 10 FF*

Musée municipal des Ursulines
In den Räumen des Ursulinenklosters (17. Jh.) sind interessante prähistorische Funde von Solutré, Sammlungen zur Geschichte des Mâconnais, Malerei sowie Musikinstrumente aus Afrika untergebracht. *5, rue de Ursulines, tgl. außer Di 10–12 und 14–18 Uhr, Eintritt 10 FF*

RESTAURANTS

Le Poisson d'or
Schön sitzt man auf der schattigen Terrasse am Ufer der Sâone bei einem gut zubereiteten Essen. *Mi geschl., Allée du Parc, Tel. 85 38 00 88, Kategorie 3*

Rocher de Cancale
Das Restaurant am Sâone-Ufer nicht weit vom Pont St-Laurent bietet gepflegte regionale Küche. *Mitte Juni-Anfang Juli sowie Mo geschl. 393, quai Jean Jaurès, Tel. 85 38 07 50, Kategorie 2–3*

Schloß Pierreclos über dem Tal der Grosne

SAÔNE-ET-LOIRE

HOTELS

Bellevue
Dieses Haus bietet gehobenen Komfort und liegt zentral an der Sâone. *Di geschl.* 24 Zi., *416, quai Lamartine, Tel. 85 38 05 07, Kategorie 1–2*

Grand Hôtel de Bourgogne
Der gepflegte Betrieb mit Restaurant *Le Perdrix* liegt am Rand der Altstadt. 48 Zi., *6, rue Victor-Hugo, Tel. 85 38 36 57, Kategorie 2–3*

Nord
Einfacheres Garni an der Sâone. 21 Zi., *313, quai Jean Jaurès, Tel. 85 38 08 68, Kategorie 3*

AUSKUNFT

Office de Tourisme
187, rue Carnot, Tel. 85 39 71

ZIELE IN DER UMGEBUNG

Berzé-le-Châtel
★ Eine typisch wehrhafte Burganlage von Burgund, die den südlichen Weg nach Cluny sicherte. Sie stammt aus dem 13.–15. Jh. und besitzt 13 Türme sowie zwei Donjons. Im Sommer werden Führungen auf den Terrassen veranstaltet: *tgl. 10–12 und 14 bis 18 Uhr* (D 9)

Berzé-la-Ville
Cluny besaß hier ein Priorat und ein Landhaus für Novizen, das *Château des Moines,* wo Abt Hugo von Cluny seinen Lebensabend verbrachte. Im Chor der *Chapelle des Moines* (12. Jh.) herrliche Wandmalereien. *Ende März bis 11. Nov. tgl. 9–12 und 14–18.15 Uhr* (D 9)

Bourg-en-Bresse
Die alte Stadt (44 000 Ew.) lohnt von Mâcon aus unbedingt einen Besuch (34 km), obwohl sie strenggenommen nicht mehr zu Burgund gehört. ★ Sehr sehenswert sind hier Kloster und Kirche von Brou (1513–32) im Süden der Stadt. Schätze der Kirche sind vor allem die Hochgräber (von Marguerite de Bourgogne, Philibert und Marguerite d'Autriche), die ebenso berühmt sind wie jene im Herzogspalast von Dijon. In der Klosteranlage, bestehend aus *Petit* und *Grand cloître,* ist ein Museum untergebracht (wertvolle Gemälde, Skulpturen, Tapisserien, Möbel u.a.). *April–Sept. 9–12.30 und 14–19 Uhr, sonst 9–12 und 14–17 Uhr.* Hotel: *Prieuré, 49, bd. Brou,* 14 Zi., Tel. 77 22 44 60, Kategorie 1–2 (E–F 10)

Milly-Lamartine
In dem Dorf 14 km westlich von Mâcon steht das Geburtshaus von Lamartine. Restaurierte Kirche aus dem 12. Jh. (D 9)

Monceau, Château de
Das Schloß 9 km westlich von Mâcon war im Besitz von Lamartine, der hier das Leben eines begüterten Winzers führte. Im Sommer dient das Schloß heute als Ferienplatz für alte Leute. Besichtigung von *Cours d'honneur* und Terrasse: *tgl. 9–12 und 14–17 Uhr* (D 10)

Pierreclos
❖ Das von Lamartine geliebte, schöne Schloß (12.–15. und 17. Jh.) mit Terrassengärten liegt über dem Tal der Grosne 14 km von Mâcon. Sehr lohnend die Innenbesichtigung: *Salle des gardes,* Kellergewölbe (12. Jh.) mit

Weinmuseum und -probe, die Zimmer des Grafen de Pierreclos und der Laurence de Jocelyn. Führungen: *tgl. 9.30–12 und 14–18 Uhr, Eintritt 20 FF* (D 9)

Saint-Point
Am Nordrand des Dorfes steht das Schloß Lamartines, das ihm sein Vater 1820 zur Hochzeit schenkte und das der Poet und Politiker so lange aus- und umbaute, bis er ruiniert war. Man sieht sein Arbeitszimmer, Salon und andere Räume. Sehr schön die romanische Kirche des Dorfes. In der kleinen Nachbarkapelle die Gräber von Lamartine und seiner Frau. *1. März–15. Nov. Mo, Di, Do und Sa 10–12 und 14–18 Uhr* (B–C 9)

Signal de la Mère Boitier
◁▷ Schöner Aussichtspunkt des Mâconnais in 758 m Höhe; steile Zufahrt, dann Anstieg; westlich von Mâcon. (B 19)

Solutré
★ ◁▷ Wie ein gewaltiger Schiffsbug ragt der Felsen von Solutré über Weinhängen auf. An seinem Fuß fand man bei Ausgrabungen 1866 um die hunderttausend Knochen von Pferden sowie Mammut, Bison , Ren und Urochse, die von Jägern der Altsteinzeit (28 000–10 000 v. Chr.) in den Abgrund getrieben wurden. Der Anstieg ist leicht (45 Minuten hin und zurück), schöne Aussicht. Seit 1968 werden wieder Ausgrabungen vorgenommen, 1987 wurde ein *Musée Départemental de Préhistoire* am Fuß des Felsens eröffnet. *2. Mai–30. Sept. tgl. außer Di 10–13 und 14–19 Uhr, sonst 10–12 und 14–17 Uhr, Eintritt 17 FF* (C 9–10)

PARAY-LE-MONIAL
Das Städtchen (10 000 Ew.) im Süden von Burgund wird alljährlich im Juni, Juli, August und Oktober von mehr als hunderttausend Pilgern besucht. Ziel der Pilgerfahrten ist die großartige Basilika *Sacré-Cœur,* deren Anlage einen Eindruck davon vermittelt, wie Cluny einmal ausgesehen hat. Wie in Lourdes waren Visionen der Anlaß für die Wallfahrten: Marguerite-Marie Alacoque lebte im 17. Jh. und empfing als Nonne Visionen und Botschaften. Seit 1873 sind das Kloster, seine Gärten und die Kapelle, in der sie die meisten Erscheinungen hatte, das Ziel der Pilger: 1920 wurde Schwester Marguerite-Marie heiliggesprochen. Paray-le-Monial hat sich ganz auf den Heiligenkult eingestellt und ist außerhalb der Pilgerzeit ein stilles Städtchen, das neben der prächtigen Basilika sehenswerte Museen besitzt, sich aber auch als Standquartier für Ausflüge zu den Kirchen im friedvollen Brionnais empfiehlt. (B 9)

BESICHTIGUNGEN

Basilika Sacré-Cœur
★ Schön am rechten Ufer der Bourbince gelegen, repräsentiert die 1090 bis 1109 unter Abt Hugo von Cluny begonnene ehemalige Abteikirche außen wie innen den cluniazensischen Stil. Die Restaurierungen im 19. und 20. Jh. haben dem Bau nichts von seiner ursprünglichen Wirkung genommen; er ist eine vollkommene Verkörperung romanischen Geistes. Dabei ist der geringe Aufwand an plastischem Schmuck bemerkenswert. Es gibt

SAÔNE-ET-LOIRE

kein Tympanon und nur wenige skulptierte Kapitelle. Das Hauptschiff mit 22 m Höhe, der Chor und das Querschiff bilden eine harmonische Einheit von schlichter Größe. Der Chor gilt als ein Musterbeispiel der romanischen Baukunst in Differenzierung und Steigerung der Baumassen. Der Kapitellenschmuck der acht Säulen ist ein typisches Beispiel der burgundischen Romanik im 12. Jh. *Place Alsace-Lorraine*

Chambres des Réliques
Die Sammlung im ehemaligen Haus der Pagen des Kardinals von Bouillon bei der Basilika erinnert an die heilige Marguerite-Marie Alacoque; so findet man unter anderem auch eine getreue Rekonstruktion ihrer Klosterzelle vor. *Parc des Chapelains, April–Okt. tgl. 9–18 Uhr, Eintritt 8 FF*

Chapelle de la Visitation
In der Kapelle der Erscheinung (1633) nördlich der Basilika, wo die Heilige zwischen 1673 und 1689 ihre wichtigsten Visionen hatte, wird der vergoldete Schrein mit ihren Reliquien aufbewahrt. *Rue de la Visitation*

Maison Jayet
In dem ehemaligen Wohnsitz (1525) des reichen Tuchmachers Pierre Jayet ist das Rathaus untergebracht. An der prächtigen Renaissancefassade sieht man aus dem Stein gearbeitet Medaillons mit den Porträts der französischen Könige. *Place Guignaud*

Parc des Chapelains
Im Park bei der Kathedrale befindet sich ein Diorama, das dem Leben der heiligen Marguerite-Marie gewidmet ist. *Mai–Sept. tgl. 9–12 und 13.30–18.30 Uhr, April und Okt. nur nachmittags*

Tour Saint-Nicolas
Ehemaliger Glockenturm der Pfarrkirche von 1535; heute genutzt für Ausstellungen. *Place Lamartine*

MUSEEN

Musée de la Faïence
Mehr als 2000 Stücke umfaßt die Sammlung von Fayencen im Kloster der ehemaligen Abtei, ergänzt durch Geräte sowie Darstellungen zur Fabrikation der Fayencen. *Av. Jean-Paul, Mitte März–Mitte Okt. tgl. außer Di 10–12 und 15–19 Uhr, Eintritt 15 FF*

Musée du Hiéron
Das kleine, sehenswerte Museum religiöser Kunst besitzt eine gute Gemäldesammlung flämischer Primitiver, italienischer Künstler der Frührenaissance und einen sehr schönen Tympanon (12. Jh.) aus dem Priorat von Anzy-le-Duc im Brionnais. *Rue de la Paix, Mai–Sept. tgl. 9–12 und 13.30–18.30 Uhr, Okt. nur nachmittags, Eintritt 10 FF*

RESTAURANTS

Aux Vendanges de Bourgogne
Eine wahre Feinschmeckeradresse. Und außerdem ein gemütliches Hotel. 17 Zi., *5, rue Denis-Papin, Tel. 85 81 13 43, Kategorie 2*

Trois Pigeons
Hier speist man ebenfalls fabelhaft und preiswert zugleich. Ein Vorzug ist auch, daß man im sel-

ben Haus übernachten kann. 45 Zi., *2, rue Dargaud, Tel. 85 81 03 77, Kategorie 2*

HOTELS

Grand Hôtel de la Basilique
Der Komfort ist nicht Spitze, doch wohnt man ruhig und angenehm. 60 Zi., *18, rue de la Visitation, Tel. 85 81 11 13, Kategorie 2–3*

Hôtel du Nord
Einfach und adrett, mit Restaurant, 15 Zi., *45, av. de la Gare, Tel. 85 81 05 12, Kategorie 3*

Val d'Or
Das Hotel liegt 3 km östlich von Paray-le-Monial. Restaurant und Gartenterrasse. 15 Zi., *La Beluze, Volesvres, Tel. 85 81 05 07, geschl. im Nov., Kategorie 3*

AUSKUNFT

Office de Tourisme
Av. Jean-Paul II, Tel. 85 81 10 92

ZIELE IN DER UMGEBUNG

Anzy-le-Duc
★ Die herrliche romanische Kirche des Dorfes, 20 km südlich von Paray-le-Monial, ist eine der außergewöhnlich schönen des Brionnais. Sie gilt als cluniazensische Gründung und ist mit der harmonischen Klarheit des Schiffes ein würdiges Beispiel jener Bauschöpfungen. Beim Bau von *Saint-Madeleine* in Vézelay diente diese Kirche als Vorbild. Der Figurenschmuck im Portal ist allerdings stark verwittert, gilt aber mit dem der Kapitelle als beispielhaft für die burgundische Romanik. Die Gebäude des ehemaligen Priorats gehören mit einem Turm zu einem Bauernhof und können nicht besichtigt werden. Das Tympanon des Priorats befindet sich im *Musée du Hiéron* in Paray-le-Monial. (B 9)

Bourbon-Lancy
Schön auf einem Hügel über dem Loiretal gelegenes, altes Städtchen (6500 Ew.) und renommiertes Thermalbad; 43 km nordwestlich von Paray-le-Monial. Die fünf bis 58 Grad Celsius heißen Quellen helfen bei Rheuma und Durchblutungsstörungen. In der rue de l'Horloge ist ein schönes altes Fachwerkhaus (16. Jh.) zu bewundern, dessen Balken reich mit Schnitzereien verziert sind. Ein Stadttor wurde zum Uhrturm (*Tour de l'Horloge*) aufgestockt. Die romanische Kirche *Saint-Nazaire* dient heute als Stadtmuseum mit prähistorischen und gallo-romanischen Sammlungen; *tgl. im Sommer 15–19 Uhr, Mo und Mi geschl.* In der Kapelle des *Hospice d'Aligre* im weitläufigen Kurpark befindet sich ein schöner geschnitzter Stuhl, den Ludwig XIV. 1687 der Äbtissin von St-Cyr, Elisabeth d'Aligre schenkte. Interessant auch die Bourbon-Expo, eine Ausstellung alter Landwirtschaftsmaschinen vom Beginn des Jahrhunderts. *Tgl. im Sommer 15.30–18.30 Uhr, Sept.–Juni auch Di 9–12 und Sa 9–12 und 14–18 Uhr.* Hotel-Restaurants: *Hôtel de l'Agriculture, 8, rue Autun, 19 Zi., Tel. 85 89 28 85, Kategorie 2–3; Manoir de Sornat, 6 Zi., allée des Platanes, Tel. 85 89 17 39, Kategorie 2–3* (A 8)

Charolles
Die freundlich-ländliche Hauptstadt (3700 Ew.) des Charollais

SAÔNE-ET-LOIRE

war einst eine kleine Residenz. Daran erinnern die Reste eines Schlosses und eine Art Stadtpalais (heute Rathaus) der Grafen von Charollais. Die *Tour de Charles Téméraire* (12. Jh.) im Garten des Rathauses bietet eine schöne Aussicht. Besonders malerisch ist die Lage, da sich die Flüsse Arconce und Semence hier vereinigen und eine Art Halbinsel bilden. Charolles ist das Zentrum der Viehzucht. Jeden 2. Mittwoch findet ein großer Viehmarkt statt; im Oktober und November werden große Märkte für Zuchtbullen und Kälber veranstaltet. Seit 1844 produziert die *Faïencerie Molin* raffiniert dekorierte Fayencen. Hotel: *Moderne, 18 Zi., 14, av. Furtin, Tel. 85 24 07 02*, Kategorie 2–3 (B–C 9)

Château de Digoine
Prächtiges Schloß (18. Jh.) rund 15 km nordöstlich von Paray-le-Monial, im Besitz des Grafen de Croix *(keine Besichtigung).* (B 8)

La Clayette
Die Kleinstadt (2700 Ew.) 33 km südöstlich von Paray-le-Monial liegt hübsch über dem Tal der Genette, die hier einen idyllischen See bildet. Das Schloß stammt ursprünglich aus dem 14. Jh., wurde aber leider in vorigen Jahrhundert stark verändert. In einem der alten Nebengebäude ist ein Automobilmuseum untergebracht, *tgl. außer Di 9–12 und 14–18 Uhr.* Hotel-Restaurant: *Hôtel de la Gare, 8 Zi., 38, rue de la Gare, Tel. 85 28 01 65*, Kategorie 2 (B–C 9)

Cluny
★ Das einstige »Wunder des Abendlandes« und Zentrum der Christenheit im Mittelalter ist heute eine bescheidene Kleinstadt (4700 Ew.). Von der Abtei mit der nach dem Petersdom in Rom größten Kirche des Abendlandes sind nur wenige Teile erhalten. Von den gewaltigen Türmen steht noch der *Clocher de l'Eau Bénite.* Das Kloster wurde von 910 bis ins 12. Jh. ununterbrochen vergrößert. In dieser Zeit wurde Cluny unter bedeutenden Äbten wie Odilo (994–1048/49), Hugo (1049–1109), Pons de Megueil (1109–1122) und Petrus Venerabilis (1122–1156) geistliche Großmacht. Direkt dem Heiligen Stuhl unterstellt, konnte Cluny selbst Klöster gründen. Bei der Reconquista Spaniens spielte es eine ausschlaggebende Rolle. Gegen die »Verweichlichung« und den »Luxus« von Cluny wandte sich Bernhard von Clairvaux. Während sich der Zisterzienserorden unter seiner Führung kraftvoll entfaltete, verlor Cluny nach dem Tod von Abt Petrus Venerabilis mehr und mehr an Bedeutung. 1790 wurde das Kloster geschlossen und ab 1798 wurde mit dem Abbruch begonnen. Bis 1823 war das Werk der Zerstörung vollbracht, vom einstigen »Wunder des Abendlandes« blieben nur die Reste, die wir heute noch sehen, der *Clocher de l'Eau Bénite* mit dem südlichen Arm des Querschiffes. Bei der Besichtigung besucht man auch die Kapelle (15. Jh.) im südlichen Arm des Querschiffs, den Mehlspeicher der Mönche (13. Jh.) über einem Keller mit schönem Kreuzgewölbe, in dem romanische Kapitelle des Chors der Abteikirche und andere Funde zu sehen sind sowie die Klostergebäude

(18. Jh.). *1. Juli–30 Sept. tgl. 9–19 Uhr, 1. April.–1. Juli 9.30–12 und 14–18 Uhr, Okt. 9.30–12 und 14–17 Uhr, übrige Zeit 10.30–11.30 und 14–16 Uhr.* Im ehemaligen Palais des Abts Jean de Bourbon (gest. 1483) ist das *Musée Orchier* untergebracht. Es enthält 2000 Bände aus der Abteibibliothek, darunter kostbare Drucke, und schöne romanische Skulpturen wie Fragmente des romanischen Portals der Abteikirche, des Kapitellschmucks und andere Funde, die bei Ausgrabungen zutage kamen. *Tgl. wie Abtei, Eintritt 12 FF.*

Auch eine Stadtbesichtigung lohnt sich. Das Rathaus ist in dem alten Palais (16. Jh.) der Äbte Jacques und Geoffroy d'Amboise untergebracht. ❧ Neben der schönen gotischen Kirche *Notre-Dame* (13. Jh.) steht die *Tour des Fromages* (11. Jh.), von der man Abtei und Städtchen überblickt, *März–Okt. tgl. 9.30–12 und 14.30–18.30 Uhr, sonst 14–18 Uhr.*

❧ Eine schöne Aussicht bietet sich auch von dem romanischen Turm der Kirche *Saint-Marcel.* Hotels: *Hôtel de Bourgogne, 12 Zi., feine Küche, place de l'Abbaye, Tel. 85 59 00 58, Kategorie 2; Cluny Séjour, 22 Zi., rue Porte-de-Paris, Tel. 85 59 08 83, Kategorie 3; Moderne, 14 Zi., Richtung Mâcon, am Fluß, Tel. 85 59 05 65, Kategorie 3; Saint Odilon, 36 Zi., route Azé, Tel. 85 59 25 00, Kategorie 3* (C–D 9)

Digoin

Interessieren Sie die Keramikherstellung und schönen Fayencen? Dann lohnt sich ein Besuch des *Centre de Documentation sur la Céramique* von Digoin *(1. April–Mitte Okt. tgl. 10–12 und 14.30–18.30 Uhr, So geschl.).* Die Stadt (11 300 Ew.) westlich von Paray-le-Monial ist auch ein Anglerparadies, da sich hier Loire, Arcone, Arroux und Bourbince sowie drei Kanäle treffen. Der Pont-Canal über die Loire mißt 234 m. Digoin *(Port de Plaisance)* ist auch wichtiger Stützpunkt der Hausbootvermieter (weitere Adressen siehe S. 90). Hotels: *Hôtel de la Gare, 12 Zi., 79, av. du Général de Gaulle, Tel. 85 53 03 04, Kategorie 2; Terminus, 15 Zi., 76, av. Général de Gaulle, Tel. 85 53 25 28, Kategorie 3* (B 8)

Fleury-la-Montagne

In dem Dorf 61 km südlich von Paray-le-Monial steht eine teilweise aus dem 12. Jh. stammende Kirche mit einem sehr schönen Tympanon. (B 10)

Iguerande

Am Ufer der Loire gelegenes Dorf 57 km südlich von Paray-le-Monial mit besonders schöner romanischer Kirche (12. Jh.). Die Kapitelle tragen einen interessanten Figurenschmuck. ❧ Als Dorf »auf den sieben Hügeln« bietet Iguerande prächtige Fernblicke ins Tal der Loire. (B 10)

Marcingny

Höchst malerisch sind die Winkel mit alten Häusern aus dem 15. Jh. des Städtchens (2500 Ew.) nahe der Loire und rund 38 km südlich von Paray-le-Monial. In der *Tour du Moulin* (15. Jh.) ein interessantes Museum mit Fayencen und Skulpturen. *Juli–Aug. 10–12 und 14–18 Uhr, März–Juni und Sept.–Nov. 14–18 Uhr, Eintritt 10 FF* (B 9)

Montceaux-l'Étoile

Ein wahrer Schatz der romanischen Kunst ist das Tympanon

SAÔNE-ET-LOIRE

der kleinen Dorfkirche (Anfang 12. Jh.). Aus einem einzigen Block mit dem Portalsturz geschaffen, zeigt es die Auferstehung mit einem Realismus von seltener Eindringlichkeit. (B 9)

Mont-Saint-Vincent
Auf dem 610 m hohen Berg gelegenes Dorf, von dessen höchstem Punkt sich eine Aussicht über drei Departements bis zum *Puy-de-Dôme* bietet. Die Kirche (11. Jh.) gehörte zu einem cluniazensischen Priorat. Schönes Gewölbe im Schiff. Im *Musée J.-Regnier* archäologische Funde, *geöffnet Mitte April–Ende Sept. am Wochenende 15–19 Uhr, Eintritt frei* (C 8)

Saint-Christophe-en-Brionnais
✪ Berühmt sind die seit 500 Jahren stattfindenden Viehmärkte des Dorfes im Brionnais. Jeden Donnerstag kommen um 4 Uhr früh Tausende Charolais-Rinder auf den Markt und werden bis 8 Uhr verkauft. (B 9)

Saint-Germain-en-Brionnais
Schönes Beispiel einer romanischen Kirche des Brionnais, erbaut aus dem hiesigen Sandstein. Im Innern Grabfigur (13. Jh.) und kleine Statue des heiligen Benedikt; 23 km südöstlich von Paray-le-Monial. (B 9)

Saint-Julien-de-Jonzy
Besonders schön sind an der romanischen Kirche (12. Jh.) die Figuren des Tympanons und Türsturzes, die aus einem einzigen Sandsteinblock gemeißelt sind. Dargestellt sind das Abendmahl und die Fußwaschung. Im Innern schöner Kapitellenschmuck. 50 km südlich von Paray-le-Monial. (B 10)

Saint-Laurent-en-Brionnais
Turm und Chor der romanischen Kirche (12. Jh.) sind dreistöckig. (B 10)

Semur-en-Brionnais
★ Das hübsche, hochgelegene Dorf (780 Ew.), 43 km südlich von Paray-le-Monial, besitzt neben der romanischen Kirche *Saint-Hilaire,* eine sehr schöne Kirche des Brionnais, ein Schloß und ein ehemaliges Priorat. Das Westportal der Kirche ist reich mit Figuren geschmückt; schön das harmonische Innere – der Einfluß von Cluny ist unverkennbar.

Der berühmte Abt von Cluny, Hugo, wurde im Jahre 1024 im Château von Semur geboren. Vom Schloß nahe der Kirche sind ein rechteckiger, 22 m hoher Donjon (9. Jh.) sowie zwei kleinere Türme erhalten. *Anfang März bis Mitte Okt. tgl. 10–12 und 15–19 Uhr* (B 10)

Taizé
✝ 1940 gründete der ehemalige Schweizer Theologiestudent Roger Schutz aus Lausanne die Brüdergemeinde von Taizé. Bald nach dem Krieg wurde das kleine burgundische Dorf am Felshang, 13 km nördlich von Cluny, zum Wallfahrtsort vieler Jugendlicher aus aller Welt.

Heute leben mehr als 90 Brüder in dieser »ökumenischen Gemeinschaft«. Sie arbeiten als Handwerker, Landwirte, Ärzte. Die Versöhnungskirche (Église de la Réconcillation) wurde 1962 von der »Aktion Sühnezeichen« erbaut. Zahlreiche Bungalows für die jugendlichen Gäste, Handwerksbetriebe und Verkaufslokale. (D 8–9)

TOURNUS

Die kleine Hügelstadt (6700 Ew.) zwischen Chalon-sur-Sâone und Mâcon ist eine der großen Stationen, was das Erlebnis romanischer Kunst und Architektur betrifft. Hier ist der Rhythmus einer kleinen Stadt weder durch übermäßigen Verkehr noch Touristenbetrieb gestört. Eine besondere Atmosphäre ist dadurch erhalten, daß die Abteikirche *Saint-Philibert* nicht isoliert dasteht, sondern von den dazugehörigen Klostergebäuden der alten Abtei noch die wichtigsten Teile übriggeblieben sind. Einen Tag sollte man schon für Tournus reservieren oder besser über Nacht bleiben, um anderntags die Umgebung mit schönen, alten Dorfkirchen zu erkunden. (D 8)

BESICHTIGUNGEN

Abbaye Saint-Philibert
★ Die mächtige Abteikirche zählt zu den besonders schönen romanischen Kirchen Frankreichs. Bereits in merowingischer Zeit wurde über dem Grab des heiligen Valerian, der 179 in Tournus als Märtyrer starb, ein Kloster gebaut. 875 kamen Mönche von der Insel Noirmoûtier und brachten die Reliquien des heiligen Philibert mit, nach dem die Kirche benannt ist. 979 wurde die dreischiffige Krypta geweiht. Bis Mitte des 12. Jhs. war die Kirche mit Chor, Vierungsturm und nördlichem Turm der Westfront fertiggestellt. Das Kircheninnere mit seinen mächtigen romanischen Gewölben und schmucklosen Säulen ist von unübertroffener Reinheit des Stils. Hoch unter den Quertonnengewölben lassen große Fenster das Licht herein. Vom alten Kloster ist der Nordflügel erhalten, dort ist ein Zentrum für romanische Kunst untergebracht. Der Kapitelsaal wurde 1237 nach einem Brand wiederaufgebaut. Aus dem 12. Jh. stammen der Klosterkeller und das 33 m lange angrenzende Refektorium. *Rue Albert Thibaudet*

MUSEEN

Musée Bourguignon Perrin de Puycousin
Wie das häusliche Leben im alten Burgund ablief, ist hier nachgestellt, so z.B. eine ländliche Taufe. Napoleonische Souvenirs erinnern in einer kleinen Ausstellung an den tapferen Soldaten Jean-Marie Putigny aus Tournus. *8, place de l'Abbaye, April–Nov. tgl. außer Di 9–12 und 14–18 Uhr, Eintritt 6.50 FF*

Musée Greuze
Am Fuß des Klosterbergs gelegen; mit einer Sammlung von Gemälden und Zeichnungen des in Tournus geborenen Malers Jean-Baptiste Greuze (1725 bis 1805) sowie prähistorischen und gallo-romanischen Funden. *3, rue du Collège. Vorübergehend geschl. Auskunft: Mairie, Tel. 85 51 13 15*

RESTAURANTS

Greuze
Eine sehr gute Feinschmeckeradresse in Burgund. Hier wirkt der Meisterkoch Jean Ducloux; geradezu wunderbar ist die *Poularde des Ducs de Bourgogne. 1, rue Albert-Thibaudet, Tel. 85 51 13 52, Kategorie 1*

SAÔNE-ET-LOIRE

Le Terminus
Gute Küche, Tische im Freien. Auch 13 Zi., *21, av. Gambetta, Tel. 85 51 01 74, Kategorie 3*

EINKAUFEN

Poterie de Senozan
Sehr schöne Keramik der Künstlerin Colette Houtman. *4, rue des tonneliers*

HOTELS

Hôtel de Greuze
Bei der Abteikirche liegt das beste Haus am Platz. Jeder Komfort, 19 Zi., *5, rue Albert-Thibaudet, Tel. 85 40 77 77, Kategorie L-1*

Hôtel de la Paix
Angenehmes Haus mit ruhigen Zimmern und regionaler Küche. 23 Zi., *9, rue Jean-Jaurès, Tel. 85 51 01 85, Kategorie 2–3*

Le Sauvage
Charme von einst und heutiger Komfort verbinden sich sehr ansprechend. Gepflegt-stilvolle Atmosphäre. Gute Küche. 30 Zi., *place Champ de Mars, Tel. 85 51 14 45, Kategorie 2*

AUSKUNFT

Office de Tourisme
2, place Carnot (Logis de la Tête Noire), Tel. 85 51 13 10

Prototyp einer romanischen Kirche: Saint-Pierre in Brancion

ZIELE IN DER UMGEBUNG

Azé
Eine Sehenswürdigkeit ersten Ranges in seiner Art;: die Höhle der 1000 Bären (300 000 Jahre altes Skelett des Höhlenbären) und eine Grotte mit unterirdischem Fluß. In dem angeschlossenen archäologischen Museum sind faszinierende Funde zu sehen. *April bis Sept. tgl. 10–12 und 14–19 Uhr, übrige Zeit nur So, Führung 30 FF, südwestlich von Tournus bei Blanot* (C 9)

Blanot
Das Dorf südwestlich von Tournus wird heute hauptsächlich wegen seiner fünf Tropfsteinhöhlen besucht. *La grotte de l'Ours* und *La grotte du Bison* waren vom Zeitgenossen des Neandertalers bewohnt. *Pfingsten–Sept. tgl. 9.30–12 und 13.30–19 Uhr, sonst So 14–19 Uhr, Führung 20 FF.* – Sehenswert in Blanot ist auch das Ensemble von Kirche (12. Jh.) und Kostergebäuden, die zu Cluny gehörten. Vom 580 m hohen Mont Saint-Romain hat man einen prächtigen Fernblick über das Mâconnais und die Bresse. (C 9)

Brancion
★ Höchst malerisches mittelalterliches Dorf westlich von Tournus, das einmal der bedeutendste befestigte Ort in Südburgund war. Vom Château (10. Jh., erweitert im 14. Jh.) sind umfangreiche Reste erhalten. Vom Donjon hat man einen großartigen Blick auf Dorf und Tal. *März–Okt. tgl. 8.30–21 Uhr.* Die romanische Kirche *Saint-Pierre* kann mit ihrem gedrungenen Turm und wuchtigen Bogen als Prototyp einer romanischen Kirche gelten. Bedeutend die Wandmalereien; Grab mit ruhender Figur des letzten Seigneur von Brancion, Gisant de Josserand, der 1250 auf dem siebten Kreuzzug in der Schlacht von El Mansurah fiel. (C 8)

Chapaize
Wuchtig und geschlossen wirkt die Kirche *Saint-Martin* des Dorfes 16 km westlich von Tournus. Sie wurde im 11. Jh. von Benediktinermönchen aus Chalon-sur-Saône gegründet. Der hohe quadratische Turm zeigt lombardischen Einfluß. Besonders beachtenswert ist im dreischiffigen Innern die eiförmige, von Arkaden getragene Kuppel des Querschiffes. (C 8)

Cormatin, Château de
★ Das imposante Schloß wurde 1605–16 vom Gouverneur von Chalon, Antoine du Blé d'Huxelles, erbaut. Berühmt ist es vor allem wegen der *»salles dorées«*, den prunkvollsten Gemächern aus der Zeit Ludwigs XIII. (1628). Da ist das *Cabinet de Sainte Cécile,* einst Arbeitszimmer von Jacques du Blé, das reich vergoldet und mit Wandgemälden geschmückt ist, die die heilige Cäcilie und die Kardinaltugenden darstellen. Oder das Gemach der Marquise mit einer herrlichen Decke in Gold und Blau und geschmückt mit einem große Gemälde, das Venus und den Gott Vulcanus zeigt. – Der schöne Garten des Schlosses wurde in der Renaissance geschaffen, mit einem sehr großen Labyrinth, Küchengarten, Hainen und einem Freilichttheater. Die *Allée Lamartine* am Flußufer besteht aus 130 prächtigen alten Linden. – 24 km westlich von Tournus. *Mitte Juni–1. Nov. tgl.*

SAÔNE-ET-LOIRE

10–12 und 14–18.30 Uhr, April bis Mitte Juni nur Sa, So und an Feiertagen, Eintritt 28 FF (C 8)

Cuiseaux

Bei einem Ausflug von Tournus in die Saône-Ebene im Osten ist die alte Stadt mit ihren engen Gassen, Renaissancehäusern, Arkaden (16. Jh.), Resten der Stadtmauer und des *Château des Princes d'Orange.* (15. Jh.) einen Besuch wert. In der Kirche geschnitztes Chorgestühl und eine »Schwarze Madonna«. (E 9)

Louhans

In der Kleinstadt (4000 Ew.) östlich von Tournus sind außer der Arkadenreihe der Grande Rue das Hôtel-Dieu (Ende 17. Jh.) mit zwei Krankensälen und einer prächtigen Apotheke aus der Zeit Ludwigs XIV. sehenswert *(Führungen März–Ende Sept. Mo, Mi–Sa 10.30, 14.30 und 16 Uhr.* Jeden Montagmorgen findet ein großer, gut besuchter Markt statt.–Hotel: *Moulin de Bourgchâteau, 19 Zi., 3, rue Guidon, Tel. 85 75 37 12, Kategorie 2–3* (D–E 8)

Ozenay

Die urtümliche romanische Kirche besitzt eine schöne Vorhalle. Das Schloß, in Privatbesitz, stammt aus dem 13. Jh. und wirkt mit seinen flachen Runddächern uralt. (C 8)

Pierre de Bresse, Château de

Das harmonische, stattliche Schloß 40 km nordöstlich von Chalon-sur-Saône wurde um 1680 erbaut und ist von einem 30 ha großen Park umgeben, in dem Skulpturen des englischen Bildhauers David Nash stehen. Vier Türme flankieren die u-förmige Anlage. Im Besitz des Departements, im linken Flügel das *Écomusée de la Bresse bourguignonne* mit heimatkundlichen Sammlungen. *Tgl. 14–18 Uhr, Eintritt 30 FF* (E 7)

Romenay

Von der Befestigung des alten Marktortes südöstlich von Tournus sind zwei Tore erhalten. Mehrere Fachwerkhäuser säumen die *Grande Rue. Musée du Terroir* mit Möbeln, Trachten, Werkzeugen, angeschlossen das *Musée de la Volaille,* das dem berühmten Bressehuhn gewidmet ist. *Juli bis Aug. tgl. 15–18 Uhr* (E 9)

Saint-Gengoux-le-National

Das im 12 Jh. befestigte, königliche Städtchen südwestlich von Tournus besitzt zahlreiche alte Häuser, eine Kirche (11. Jh.) mit romanischem Chor, Apsis und Turm. Im kleinen, privaten *Musée de Saint-Gengoux-le-Royal* Kunstwerke, alte Möbel und Gemälde *(Eintritt: durch das Office de Tourisme).* (D 9)

Verdun-sur-le-Doubs

Unverfälschtes burgundisches Landleben erlebt man auf der Fahrt in der Saône-Ebene nordöstlich von Tournus. Das Städtchen am Zusammenfluß von Saône und Doubs ist ein Paradies für Angler. Kirche aus dem 17. Jh. Das *Musée du Blé et du Pain* ist der Geschichte des Weizens und Brotes gewidmet. *Place de l'Église, Mai–Sept. tgl. außer Di 15–19 Uhr, Eintritt 10 FF.* – Hotel-Restaurant: *Hostellerie Bourguignonne, 14 Zi., av. Président Borgeot, Tel. 85 91 51 45, Kategorie 2–3;* Hotel: *10 km nordwestlich in Chaublanc Moulin d'Hauterive, 11 Zi., Tel. 85 91 55 56, Kategorie 1* (D 7)

Von Auskunft bis Zoll

Hier finden Sie kurzgefaßt die wichtigsten Adressen und Informationen für Ihre Burgund-Reise

AUSKUNFT

Französische Verkehrsbüros
Kaiserstr. 12, 60311 Frankfurt, Tel. 069/75 60 83-0
Berliner Allee 26, 40212 Düsseldorf, Tel. 02 11/8 03 75
Hiltoncenter 25 C, Landstrasser Hauptstr. 2, 1030 Wien, Tel. 75 70 62
Bahnhofstr. 16, 8022 Zürich, Tel. 2 11 30 85
2, rue Thalberg, 1201 Genève, Tel. 32 86 10

APOTHEKE

Wo das grüne Kreuz an der Hauswand angebracht ist, findet sich eine *pharmacie*. Wenn das Kreuz blinkt, ist geöffnet – im allgemeinen von 9–12.30 und 14 bis 18.30 Uhr. Wer nachts und am Wochenende Bereitschaftsdienst hat, ist an der Tür angezeigt. Im allgemeinen sind die Apotheken auf dem neuesten Stand. Man bekommt eine große Zahl von Medikamenten rezeptfrei.

ARZT

Arztbesuche sind zunächst zu bezahlen (praktischer Arzt um 130 FF, Spezialist um 145 FF). Die Auslagen werden erstattet, wenn man einen Papierkrieg mit den Krankenkassen nicht scheut. Am besten schließt man rechtzeitig vor Reisebeginn eine Reise-Krankenversicherung (rund 20 DM) ab.

AUTO

Auf Autobahnen überbrückt man schnell große Entfernungen – bei steigenden Gebühren. Sehr dicht und wenig befahren ist das Netz der Landstraßen der einzelnen Departements, sie sind mit D und Ziffern bezeichnet. Auf den Nationalstraßen (N und Nummer) herrscht dagegen oft sehr starker Verkehr.

Höchstgeschwindigkeiten: Autobahn 130, bei Regen 110 km/h; Schnellstraßen 110, bei Regen 100 km/h; National- und Departementsstraßen 90, bei Regen 80 km/h; in Ortschaften 50 km/h. Promillegrenze 0,8. Für Fahrer und Beifahrer gilt Anschnallpflicht. Motorräder müssen am Tage mit Abblendlicht fahren, für alle Verkehrsteilnehmer gilt das bei Regen und Nebel. In Frankreich wird zügig

PRAKTISCHE HINWEISE

und oft zu schnell gefahren, auch in Ortschaften. Polizeikontrollen sind selten; wer freilich erwischt wird, muß schon bei geringen Tempoüberschreitungen hohe Geldbußen zahlen. Bei Unfällen muß Personenschaden vorliegen, damit die Polizei eingreift. Pannenhilfe *(dépanneur-remorquer)* leisten die 24stündigen Dienste der Automobilhersteller, vermittelt durch die Polizei (Rufnummer 17). Der ADAC-Auslandsnotruf in München berät auch Nichtmitglieder über Tel. 19 49/89 22 22 22 rund um die Uhr.

Groß ist die Diebstahlgefahr. Am besten den Wagen nachts in Hotelgaragen bzw. auf gesicherten Parkplätzen abstellen, ohne jedes Gepäck. Wertsachen auch tagsüber keinesfalls im geparkten Wagen liegenlassen. *Sans plomb*, bleifrei, kann man an allen Tankstellen zapfen. Der Preis liegt unter dem für Superbenzin. Bei Pannen und kleinen Defekten helfen Tankstellen-Werkstätten schnell und preiswert.

BANKEN

Die Öffnungszeiten sind nicht einheitlich geregelt. In großen Städten liegen sie im allgemeinen Mo-Fr zwischen 9–16.30 oder 17 Uhr. In kleinen Orten ist von 12.30–14 Uhr Mittagspause und Mo geschlossen, abends ist im Sommer bis 17.30 Uhr geöffnet. Am Sa sind Banken im allgemeinen bis 12.30 Uhr geöffnet.

Als Zahlungsmittel sind Kreditkarten mehr und mehr verbreitet (bevorzugt werden VISA und Mastercard/Eurocard akzeptiert). Eurocheques gelten derzeit bis 1400 FF.

BOTSCHAFTEN/KONSULATE

Französische Botschaft in der Bundesrepublik Deutschland
Kapellenstr. 1a, 53121 Bonn,
Tel. 02 28/36 20 31 und 36 21 78

Französische Botschaft in Österreich
Technikerstr. 2, 100 Wien,
Tel. 2 22/65 47 47

Französische Botschaft in der Schweiz
Schlosshaldenstr. 46, 3006 Bern,
Tel. 0 31/43 24 24

In Frankreich:
Konsulat der Bundesrepublik Deutschland
47, rue York, 2100 Dijon,
Tel. 80 72 61 20

Schweizer Konsulat
18, rue Audra, 2100 Dijon,
Tel. 80 30 81 00

CAMPING

An Campingplätzen besteht in Burgund kein Mangel. Man findet sie in den meisten größeren Orten; allein im Morvan beträgt die Zahl der Campingplätze mehr als ein Dutzend. Die französischen Campingplätze sind in fünf Klassen und eine Sonderklasse unterteilt. Immer öfter findet man auf den Plätzen auch Mietbungalows, *Caravans* oder *huttes*, kleine Chalets aus Holz *(Auskunft: Huttes de France, Tel. 73 34 18 48)*. Die meisten burgundischen Plätze öffnen nicht vor dem 1. Mai und schließen bereits am 15. bzw. 30. Sept., ausgenommen in größeren Städten oder wichtigen Ferienorten wie z.B. Moulins-Englilbert. Wildes

Camping ist unter gewissen Bedingungen erlaubt: beim Verkehrsbüro oder bei Bauern fragen. Auskunft: *Broschüre Campings vom Comité Régional du Tourisme, BP 1602, 21035 Dijon Cedex, Tel. 80 50 10 20* und *ADAC, Am Westpark 8, 81373 München, Tel. 0 89/76 76-0*

HAUSBOOTE

Burgund zählt zu der bevorzugten Region Frankreichs für Ferien mit dem Hausboot. Rund 2500 km Kanäle und Flüsse sind hier schiffbar; ein besonderes Plus ist dabei, daß man die Wasserläufe nicht mit der Berufsschiffahrt teilen muß. Mit dem Bau der Kanäle quer durch Burgund wurde im 17. Jh. begonnen. Der schönste Kanal ist sicher der Loire und Yonne verbindende Canal du Nivernais. Zahlreich sind die Vermieter von Hausbooten in allen größeren Orten an den Kanälen. Dabei wird kein Bootsführerschein verlangt. Ein Hausboot für 4 bis 5 Personen kostet zwischen 2500 und 8000 FF pro Woche. Folgende Verleihfirmen halten Hausboote aller Größen, vom Kabinenkreuzer bis zum umgebauten Lastkahn mit allem Komfort bereit:
Amica-Tours, 58110 Bazolles, Tel. 86 38 90 70
Au Fil de l'Eau, 1, rue Emile Zola, 94400 Vitry-sur-Seine, Tel. (1) 46 80 60 70
Burgundy Cruisers, 89460 Cravant, Tel. 86 81 54 55
Bateaux de Bourgogne, 1–2, quai de la République, 8900 Auxerre, Tel. 86 51 12 05
Locaboat Plaisance, quai du Port-au-Bois, 89300 Joigny, Tel. 86 91 72 72
Loch 2000, Port de Plagny, 5800 Sermoise-sur-Loire, Tel. 86 37 64 42

Das Weinangebot ist groß, am besten kauft man direkt beim Winzer

PRAKTISCHE HINWEISE

INFORMATIONEN

Außer den lokalen *Offices de Tourisme* stehen die folgenden regionalen Fremdenverkehrsämter mit vielfältigen Informationen bereit.:
Comité Départemental du Tourisme de la Côte d'Or, Hôtel du Département, BP 1601, 21035 Dijon Cedex, Tel. 80 63 66 00, Fax 80 74 46 87
Comité Départemental du Tourisme du Nièvre, 3, rue du Sort, 5800 Nevers, Tel. 86 36 39 80, Fax 86 36 36 63
Comité Départemental du Tourisme de l'Yonne, 1–2, quai de la République, 8900 Auxerre, Tel. 86 52 26 27, Fax 86 51 68 47
Comité Départemental du Tourisme de Saône-et-Loire, Maison de la Saône-et-Loire, 389, av. de Lattre de Thassigny, 7100 Mâcon, Tel. 85 39 47 47, Fax 85 38 94 36

KLIMA/REISEZEIT

Wenn möglich, besuche man Burgund im Herbst, wenn die Zeit der Weinernte beginnt und die Rebhänge der *Côte d'Or* in goldenen Farben glühen. Die milden Temperaturen bis spät in den Herbst machen auch Rundfahrten im Auto angenehmer als im Hochsommer. Es sei denn, man beschränkt sich auf Wanderungen im waldreichen, hochgelegenen *Morvan*. Die oft heißen Sommermonate sind auch auf dem Wasser zu ertragen: bei einem Hausbooturlaub. Außerdem sind die burgundischen Kanäle meist von hohen, schattenspendenden Bäumen gesäumt. Aber auch das spätere Frühjahr hat seine Vorzüge, wenn aus dem Rhonetal warme Luftströme vordringen.

NOTRUF

Police Secours: Tel. 17

POST-TELEFON

Briefe (20g) und Postkarten in EG-Länder kosten 2,80 FF, nach Österreich, in die Schweiz und andere europäische Länder 3,80 FF. Telefonieren von der Zelle aus 1 FF für Ortsgespräche, Ferngespräche in die meisten westeuropäischen Länder 4,50 FF pro Minute (Österreich 6,57 FF). Erheblich billiger: Mo–Fr 21.30 bis 8 Uhr, Sa ab 14 Uhr, So den ganzen Tag. In den meisten Telefonzellen braucht man Telefonkarten *(télecarte)*, erhältlich in Postämtern, Tabakläden, Tankstellen, Hotels. Für Ferngespräche ins Ausland zuerst Vorwahl 19, dann Länderkennzahl (D 49, A 43, CH 41), dann Ortsvorwahl ohne »0« und die Rufnummer. Von Deutschland nach Frankreich: 0033, dann die achtstellige Nummer.

STROMSPANNUNG

Üblich sind 220 V, Flachstecker passen auch in französische Steckdosen. Bei Schukosteckern muß man jedoch einen Adapter benutzen.

TRINKGELD

Bei verschiedenen Gelegenheiten sollte man ein Trinkgeld geben: im Restaurant wird nach oben bis zu 10 Prozent aufgerundet. Im Hotel gibt man bei besonderen Dienstleistungen dem Portier und Boy/Zimmerservice ein Trinkgeld, ebenso bei längerem Aufenthalt dem Zimmermädchen (pro Woche 20–30 FF). Im Taxi sind 10 Prozent üblich. Beim Friseur legt man ein paar Francs in das Schälchen bei der Kasse.

ZEITUNGEN

In der *Maison de Presse,* die es in jeder größeren Stadt gibt, in Papierwarengeschäften, Buchhandlungen und Tabakläden ist die französische und ausländische Presse gut vertreten.

Deutschsprachige Zeitungen und Zeitschriften bekommt man jedoch in der Regel in kleineren Orten meistens nur in der Hauptreisezeit.

ZOLL

Seit 1. Januar 1993 bekommen auch die Touristen die Segnungen des euopäischen Binnenmarktes zu spüren. Innerhalb der Europäischen Gemeinschaft gibt es nun für Privatreisende (nicht für Gewerbetreibende) keine Zollgrenzen mehr.

Das heißt, daß der Tourist alle Waren, die er für seinen persönlichen Verbrauch eingekauft hat, ohne weiteres mit in sein Heimatland nehmen kann. Daß der Begriff »persönlicher Verbrauch« natürlich auch zu gewissen »Obergrenzen« führt, leuchtet jedem ein.

WETTER IN DIJON
Die monatlichen Durchschnittswerte im Überblick

Tagestemperaturen in °C

Jan.	Febr.	März	Apr.	Mai	Juni	Juli	Aug.	Sept.	Okt.	Nov.	Dez.
5	5	13	15	18	21	27	28	24	14	8	4

Nachttemperaturen in °C

Jan.	Febr.	März	Apr.	Mai	Juni	Juli	Aug.	Sept.	Okt.	Nov.	Dez.
-1	-4	5	3	7	11	15	15	12	6	3	-2

Sonnenschein Std./Tag

Jan.	Febr.	März	Apr.	Mai	Juni	Juli	Aug.	Sept.	Okt.	Nov.	Dez.
2	3	4	7	8	9	10	10	6	3	2	2

Niederschlag Tage/Monat

Jan.	Febr.	März	Apr.	Mai	Juni	Juli	Aug.	Sept.	Okt.	Nov.	Dez.
8	7	13	10	11	12	12	9	10	10	11	13

WARNUNG

Bloß nicht!

Kleine Tips, die Sie vor bösen Überraschungen bewahren

Einkehr im »L'Espérance«

Das nahe Vézelay in Saint-Père gelegene Dreisterne-Restaurant *L'Espérance* von Marc Meneau gilt als eine der sehr renommierten Feinschmeckeradressen Frankreichs. Doch wer hier mit hochgeschraubten Erwartungen einkehrt, muß sich womöglich auf eine herbe Enttäuschung gefaßt machen. Zwar wurde das Ambiente vor nicht allzu langer Zeit fein aufbereitet, auf die Qualität der Küche dagegen hat sich das nicht ausgewirkt, abgesehen davon, daß für die einzelnen Gerichte horrende Preise verlangt werden.

Hôtel-Dieu im Sommer

Das berühmte Armenspital von Beaune ist wegen seiner unvergleichlichen Kunstschätze und authentischen Atmosphäre immer gut besucht. Will man etwas davon haben, ist jedoch von einer Besichtigung im Sommer abzuraten, wenn der Andrang der Besucher am größten ist und sich lange Warteschlangen vor dem Eingang bilden.

Teure, alte Weine

Beim Restaurantbesuch auch einmal eine teure Flasche Burgunderwein zu bestellen, ist ein Luxus, den man sich gönnen sollte. Doch aufgepaßt: Sehr teure, alte Weine brauchen nach dem Öffnen der Flasche rund zwei Stunden, um all ihre Vorzüge voll zu entfalten und um Zimmertemperatur zu erreichen. Für diesen Fall sollte man also schon Gast im betreffenden Restaurant gewesen sein und rechtzeitig vorbestellen.

Alkoholkontrollen

Apéritif, Wein und Digestif gehören in Burgund zu jedem guten Essen. Doch aufgepaßt, daß man nicht zuviel Alkohol konsumiert und sich dann ans Steuer setzt. Mit der Verstärkung der Alkoholkontrollen in den letzten Jahren (Grenze in Frankreich derzeit 0,8 Promille) ist die Zahl der durch angetrunkene Autofahrer verursachten Unfälle deutlich gesunken. Man muß also stets mit Alkoholkontrollen rechnen, besonders am Wochenende.

Touristenmenüs

Es gibt sie auch im Land der Gaumenfreude, die billigen Menüs für den anspruchslosen Touristen. Sie stillen zwar den Hunger, sind ansonsten aber meist eine herbe Enttäuschung. Besser macht man's wie viele Franzosen, die um die Mittagszeit im Grünen picknicken und sich dafür jedoch am Abend oder am nächsten Tag den Besuch eines guten Restaurants gönnen.

Straßenwahl

Gerade Burgund ist am schönsten auf Nebenstraßen. Nur in Ausnahmefällen sollte man die stark befahrenen Nationalstraßen benutzen, um von einem Ort zum nächsten zu kommen. Ein Umweg lohnt sich immer. Als Beispiel mag nur die N 74 zwischen Beaune und Dijon gelten. Sehr viel schöner – wenn auch länger – ist die parallel und höher an der Côte über die Dörfer führende stille Landstraße. Zu empfehlen ist auch, bei größeren Orten nicht den Schildern *poids lourds* (Schwerverkehr) zu folgen, wenn man etwas von der jeweiligen Stadt sehen will.

Wagen weg

Besonders auf Limousinen der gehobenen Klasse und teure Sportwagen haben es Autodiebe abgesehen. Um Einbrüchen oder gar Autodiebstahl vorzubeugen, parke man deshalb seinen Wagen in großen Städten und an vielbefahrenen Fernstraßen über Nacht lieber nicht auf der Straße, sondern suche sich ein Hotel mit Garage bzw. gut gesichertem Parkplatz. Auch die Warnung, kein Gepäck und sonstige Wertsachen unbewacht im Auto zu lassen, kann nicht oft genug wiederholt werden.

Halb- oder Vollpension?

Der Hotelwirt sieht's gern, wenn man auch in seinem Restaurant ißt. Wählt man ein Hotel als Standquartier für Erkundungen in der Umgebung, sollte man es jedoch in der Regel vermeiden, Halb- oder gar Vollpension zu vereinbaren und so gezwungen zu sein, zu bestimmten Zeiten im Hotel erscheinen zu müssen.

Weinprobe und -kauf

Nur wenn man es eilig hat, sollte man in städtischen Weinhandlungen einkaufen. Wesentlich mehr Spaß macht es, bei einem Winzer den Wein zu probieren und auch einzukaufen. Abgesehen von dem authentischen Erlebnis kauft man im allgemeinen an der Quelle auch zu günstigeren Preisen ein. Ausnahmen bilden hier nur die berühmten Lagen und Weinadressen wie *Château de Meursault, Clos de Vougeot* und so fort.

Blutiges Fleisch

Eine bekannte Eigenart der französischen Küche ist es, Fleisch möglichst roh, das heißt »blutig« *(saignant)* auf den Tisch zu bringen. Das gilt nicht nur für das Fleisch vom Rind, sondern auch für die Ente, das Lamm und das Schwein. Wer das nicht mag, bestelle sein Fleischgericht unbedingt *bien cuit,* gut durchgebraten. Ob der Koch es dann auch wirklich so zubereitet, ist allerdings nicht in jedem Fall garantiert.

Feuer im Wald

Die Brandgefahr ist naturgemäß in Waldgebieten in den trockenen Sommermonaten besonders groß. Die Oberfläche von Burgund ist zu rund 30 Prozent mit Laub- und Nadelwald bedeckt, wobei die Laubbäume einen weitaus größeren Anteil haben. Das Rauchen sollte hier unbedingt unterbleiben, und selbstverständlich ist es verboten, Feuer zu machen und mit dem Auto die Fahrwege zu verlassen.

REGISTER

Enthalten sind alle in diesem Führer erwähnten Orte oder außerhalb von Orten liegende Sehenswürdigkeiten

Alesia *siehe* Alise Sainte-Reine
Alise Sainte-Reine 15, 29, 43
Aloxe Corton 35
Ancy-le-Franc, Château 9, 52
Anost 74
Antigny, Château 35
Anzy-le-Duc 80
Arzy-sur-Cure 52
Arnay-le-Duc 35
Autun 8, 13, 15, 27, 28, 69, 70, 71, 72, 73
Auxerre 17, 49, 50, 51, 52
Auxonne 27, 43
Avallon 55, 56, 57
Azé 86
Beaune 5, 7, 15, 27, 28, 29, 31, 32, 33, 34, 93
Berzé-la-Ville 77
Berzé-le-Châtel 77
Beuvray, Mont 74
Blanot 86
Bourbilly, Château de 43
Bourg-en-Bresse 77
Brancion 86
Bussy-Rabutin, Château de 9, 43, 44
Butte de Montenoison 67
Chablis 27, 29, 52
Chagny 27
Chalon-sur-Saône 17, 19, 27, 29, 36
Chapaize 86
Charité-sur-Loire, La 17, 64
Charolles 15, 28, 80
Chassagne-Montrachet 35
Chastellux, Château de 57
Chastenay, Château de 52
Château-Chinon 57
Châteauneuf-en-Auxois 44
Châtillon-en-Bazois 64
Châtillon-sur-Seine 15, 44
Chevenon 65
Chorey-les-Beaune 35
Cîteaux 6, 14, 17, 35
Clairvaux 14, 17
Clamecy 18, 28, 29, 65
Clayette, La 81
Clos de Vougeot, Château de 6, 7, 15, 36
Cluny 8, 9, 13, 17, 29, 81
Commarin 45
Cormatin, Château de 86
Cosne-sur-Loire 66
Couches 74
Creusot, Le 8, 74

Croix de la Libération 74
Cuiseaux 87
Decize-les-Maranges 39, 66
Digoin 82
Digoine, Château de 81
Dijon 7, 17, 18, 25, 29, 31, 39, 40, 41, 42, 43, 89
Donzy 67
Druyes-les-Belles-Fontaines 52
Dun-les-Places 57
Epoisses, Château d' 45
Escolives-Sainte-Camille 28, 53
Étigny 28
Fain-lès-Montbard 46
Ferrières 29
Flavigny-sur-Ozerain 45
Fleury-la-Montagne 82
Fontenay, Abbaye de 9, 13, 17, 45
Fouilles des Fontaines Salées 57
Gevrey-Chambertin 29, 36, 37
Iguerande 82
Irancy 53
Joigny 53
Jours-en-Vaux 35
Lac des Settons 57
Ladoix-Serrigny 37
Ligny-le-Châtel 54
Lormes 57
Louhans 87
Mâcon 19, 27, 75, 76, 77
Marcigny 82
Marzy 67
Meursault 29, 37
Milly-Lamartine 19, 77
Monceau, Château de 77
Montbard 45
Montceau-les-Mines 74
Montceaux-l'Étoile 82
Montchanin 74
Montréal 45
Mont-Saint-Vincent 28, 83
Morvan 58
Motte-Josserand, Château de la 67
Nevers 17, 27, 61, 62, 63, 64
Nolay 39
Noyers 54
Nuits-St-Georges 29, 37
Ozenay 87
Paray-le-Monial 13, 17, 27, 29, 78, 79, 80
Pernand-Vergelesses 38
Pierre de Bresse, Château de 87

Pierreclos 77
Pommard 38
Pontigny 54
Pouilly-en-Auxois 18, 46
Pouilly-sur-Loire 67
Prémery 67
Quarré-les-Tombes 58
Ratilly, Château 54
Rochepot, La 38
Romenay 87
Saint-Bris-le-Vineux 29, 54
Saint-Christophe-en-Brionnais 15, 83
Saint-Émiland 74
Saint-Fargeau 28, 54
Saint-Genoux-le-National 87
Saint-Germain-en-Brionnais 83
Saint-Jean-de-Losne 28
Saint-Julien-de-Jonzy 83
Saint-Laurent-en-Brionnais 83
Saint-Léger-sous-Beuvray 29
Saint-Loup-de-Varennes 19
Saint-Parize-le-Châtel 67
Saint-Père 58, 93
Saint-Pierre-le-Moûtier 29, 67
Saint-Point 78
Saint-Romain 39
Saint-Sauveur-en-Puisaye 18
Saint-Seine-l'Abbaye 46
Saint-Thibault 46
Sainte-Magnance 58
Santenay 39
Saulieu 29, 47
Semur-en-Auxois 27, 47
Semur-en-Brionnais 83
Sens 17, 54
Signal de la Mère Boitier 78
Solutré 78
Source de la Seine 47
Sully, Château de 75
Taizé 83
Talmay 47
Tanlay, Château de 9, 55
Tonnerre 55
Tournus 13, 84, 85
Uchon 75
Vallée de Cousin 58
Verdun-sur-le-Doubs 87
Vézelay 7, 13, 17, 18, 28, 58, 59
Volnay 39
Vosne Romanée 39

95

Was bekomme ich für mein Geld?

 In Frankreich ist die Urlaubs-Mark mehr wert als in vielen anderen europäischen Reiseländern. Das Doppelzimmer im Zwei-Sterne-Hotel kostet selten mehr als 250 FF, das Drei-Gänge-Menü im guten Restaurant bekommt man für 90 bis 100 FF. Gastronomische Spitzenleistungen werden in Burgund bereits ab 250 FF pro Menü geboten. Eine gute Flasche Wein kostet im Restaurant ab 60 FF, wobei der rote Burgunder im allgemeinen teurer ist als andere französische Weine. Für den kleinen Kaffee, *petit noir*, werden um 6 FF berechnet, das gezapfte Viertel Bier kostet 8–10 FF. Beim Einkauf im Supermarkt zahlt man für 1 kg Rindersteak um 90 FF, Käse kostet pro Kilo je nach Sorte 39–80 FF, die Flasche Mineralwasser um 3 FF. Die Wochenmiete bei Hausbooten für 4 bis 5 Personen beträgt je nach Saison 2500 bis 8000 FF. Museumsbesuche und Schloßbesichtigungen schlagen im Durchschnitt mit 15–25 FF zu Buch. Der Liter Superbenzin bleifrei kostet knapp 5,30 FF, Diesel um 3,80 FF, verbleites Superbenzin ab 5,50 bis 5,80 FF. Für eine Monteurstunde in einer kleinstädtischen Werkstatt werden inklusive Mehrwertsteuer rund 120 FF berechnet. Briefe und Postkarten sind für Länder der EG mit 2,80 FF zu frankieren.

DM	FF	FF	DM
1	3,36	1	0,30
2	6,71	5	1,49
3	10,07	10	2,98
4	13,42	25	7,45
5	16,78	50	14,90
10	33,55	75	22,35
20	67,10	100	29,80
30	100,65	200	59,60
40	134,20	250	74,50
50	167,75	300	89,40
60	201,30	400	119,20
70	234,85	500	149,00
80	268,40	600	178,80
90	301,95	700	208,60
100	335,50	750	223,50
200	671,00	800	238,40
300	1.006,50	900	268,20
500	1.677,50	1.000	298,00
750	2.516,25	2.500	745,00
1.000	3.355,00	5.000	1.490,00

Der Senf aus Dijon hat Weltruhm erreicht, man kann ihn überall kaufen. Ganz spezielle Sorten gibt es im »Magasin de Moutarde« in Dijon